collection *Manger autrement*

# Petits plats de printemps

Catherine Schiellein

Dessins de Elsa Speckel

la plage
éditeur

Pour être tenu(e) au courant de nos publications,
envoyez-nous vos coordonnées :
Éditions La Plage
Rue du Parc
34200 Sète
Tél. : 04 67 53 42 25
Fax : 04 67 53 49 05
edition@laplage.fr
www.laplage.fr

Ce livre a été imprimé sur du papier 100% recyclé fabriqué sans chlore ni azurant optique (intérieur et couverture). La production d'un papier recyclé est en moyenne 3 fois moins gourmande en énergie et jusqu'à 10 fois moins consommatrice d'eau que la fabrication d'un papier à base de fibre vierge.

Imprimé à Barcelone (ES) sur les presses de Beta.
PAO : Xavier Aubourg, Sommières

Photo couverture : © Pixtal/Jupiterimages



ISBN : 978-2-84221-165-3

# Sommaire

**Introduction** ..... 5

Le retour du vert !
Quels sont les fruits et les légumes de saison ?

**Les recettes**

Salades et entrées ..... 8
Soupes ..... 31
Plats de légumes ..... 49
Céréales et pâtes ..... 69
Desserts ..... 85

**Index par ingrédients** ..... 91

# Le retour du vert !

On a beau adorer les légumes d'hiver et connaître mille et une manières de les accommoder, quel plaisir de revoir sur les étals du printemps de jeunes pousses et des primeurs ! Si leur cuisson est toujours courte, certains de ces nouveaux arrivants demandent un peu de temps pour l'épluchage, comme le cresson, les fèves, les petits pois ou les artichauts. Mais si vous pensez qu'éplucher des légumes est une corvée, lisez le chapitre « Aider à écosser des petits pois » du délicieux ouvrage de Philippe Delerm : *La Première Gorgée de bière et Autres Plaisirs Minuscules* (Gallimard, 1997). Vous changerez sans doute définitivement d'avis. De toute façon, pourvu qu'ils ne soient pas trop nombreux à table, même les plus pressés trouveront les quelques minutes nécessaires pour se régaler des premiers cadeaux de la nature après le sommeil hivernal. Leur saison est si courte et leur saveur si fine qu'il serait dommage de ne pas en profiter !

Si vous avez pris un « abonnement » à un panier de légumes, le tableau que vous trouverez à la fin du livre vous aidera à varier les plaisirs même si les livraisons se ressemblent...

# Quels sont les fruits et les légumes de saison ?

**Mars**

**Fruits :** kiwi, pomme, poire et venus d'ailleurs : agrumes, ananas, banane.

**Légumes :** betterave, carotte (de conservation), chou, chou-fleur, concombre, endive, épinard (jeune pousse), fève, oseille, poireau, pomme de terre (de conservation), salades (mâche, rougette).

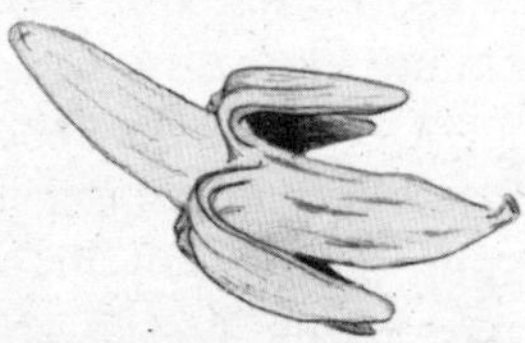

**Avril**

**Fruits :** fraise, kiwi, pomme, rhubarbe et venus d'ailleurs : agrumes, ananas, banane.

**Légumes :** asperge, betterave, artichaut (poivrade et gros camus), carotte (primeur), chou-fleur, chou pointu, concombre, cresson, endive, épinard, herbes sauvages (bourrache, ail des ours, ortie etc.), oseille, petit pois, pomme de terre (de conservation), radis, salades (frisée, pissenlit, scarole).

**Mai**

**Fruits :** fraise, framboise, rhubarbe.

**Légumes :** artichauts, asperge, betterave, carotte (primeur), chou-fleur, chou pointu, concombre, courgette, cresson, épinard, fève, navet (primeur), petits pois, pourpier, pomme de terre (primeur), radis, salades (laitue, batavia, romaine...), toujours les herbes sauvages.

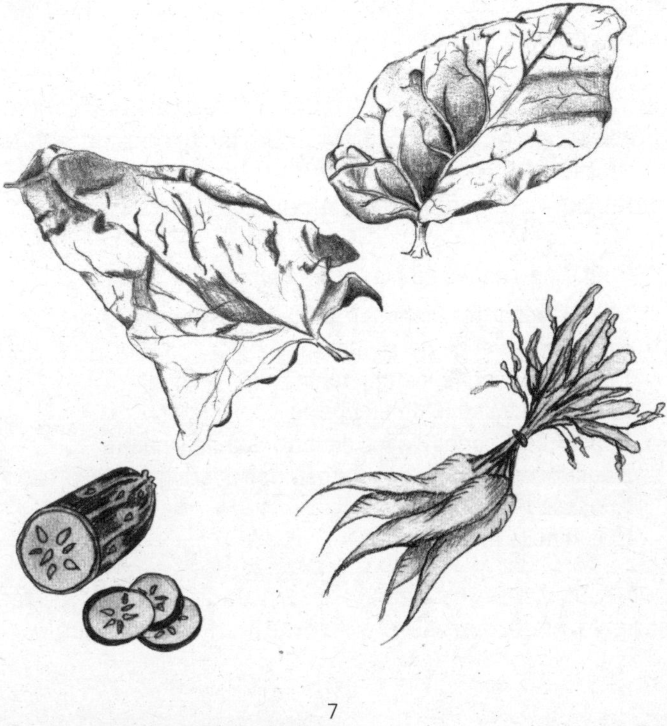

# Salades et entrées

## Méli-mélo d'asperges en sauce verte

**frais • vitaminé • coloré • vegan**

Cette sauce est une merveille et vous fera oublier à jamais la mayonnaise ! Elle est bourrée de vitamines, facile à faire et très adaptable à vos goûts ou aux ressources du bord. Il faut beaucoup de persil plat mais à part cela, n'hésitez pas à modifier la recette. Elle se garde au réfrigérateur sans problème quelques heures ou même quelques jours sans trop perdre sa couleur, grâce au citron. Pour les transformer en repas, servez les asperges tièdes, avec de petites pommes de terre vapeur qui adorent cette sauce, elles aussi !

Pour 2 personnes en plat et 4 en entrée

500 g d'asperges blanches et 500 g d'asperges vertes
1 gros bouquet de persil plat
1 petit bouquet de menthe douce
1 cuillerée à soupe de moutarde
1 cuillerée à soupe de jus de citron ou de vinaigre
2 cuillerées à soupe de câpres rincées et égouttées
1 gousse d'ail pressée
15 cl d'huile d'olive douce

Pelez les asperges blanches tout du long et les vertes dans leur dernier tiers seulement. Faites-les cuire à la vapeur, poudrées de sel, dans deux paniers différents car les vertes cuisent plus vite que les blanches. Arrêtez la cuisson quand elles ne résistent plus à la pointe du couteau mais tiennent encore presque droites si on les saisit par un bout. Posez les sur le plat de service garni d'une serviette pliée en quatre, en alternant les blanches et les vertes de la manière qui vous plaira. Elles vont continuer un peu de cuire. Servez-les tièdes ou froides avec la sauce verte.

Enlevez les queues du persil et de la menthe. Mettez tous les ingrédients sauf l'huile dans le bol du hachoir et actionnez-le. Ensuite, versez l'huile en filet, comme pour une mayonnaise. Ceux qui ont le coup de main peuvent aussi couper les herbes au couteau demilune ou au grand couteau de chef et finir la sauce au fouet. Elle aura une consistance plus ou moins lisse selon l'ustensile choisi, mais de toute façon, elle sera délicieuse !

*Nombreuses variantes :* Supprimez la menthe, la moutarde, les câpres ou l'ail. Ajoutez de la mie de pain, un petit oignon, des olives vertes, des pignons ou des amandes. Remplacez la menthe par du basilic, du cerfeuil, de la bourrache etc. et choisissez une autre huile. Pour la « sauce cressonnière » : hachez finement les feuilles de la moitié d'une botte de cresson avec 2 œufs durs. Ajoutez 1 cuillerée à soupe de vinaigre de cidre doux, 3 cuillerées à soupe d'huile (d'olive, de noix, de colza... ou un mélange), du sel et du poivre du moulin.

# Asperges aux noisettes et à l'huile « grillée »

**léger • croquant • parfumé • vegan**

Accompagnez ces asperges toutes simples d'une huile au goût torréfié, comme par exemple l'huile de colza grillée (une spécialité de la région de Roanne), de cacahuètes grillées ou d'argan. On peut aussi ajouter à une huile neutre quelques gouttes d'huile de sésame aromatique, très foncée, vendue en petites fioles dans les épiceries asiatiques.

Pour 2 à 4 personnes (selon le reste du repas)

1 ou 2 échalotes hachées
1 kilo d'asperges vertes ou blanches ou un mélange
50 g de noisettes
un peu de persil plat
3 cuillerées à soupe d'huile "grillée"

Salez les échalotes et réservez-les.

Pelez les asperges comme dans la recette précédente et faites-les cuire à la vapeur en les gardant croquantes. Laissez-les égoutter puis posez-les sur un plat garni d'une serviette et salez-les.

Pendant la cuisson des asperges, faites griller les noisettes à sec dans une petite poêle en les secouant souvent. Quand la peau commence à noircir et à se détacher, versez-les dans un torchon et frottez-les bien. Hachez-les grossièrement au couteau. Parsemez-en les asperges, avec le hachis d'échalotes et le persil ciselé. Arrosez d'huile et servez.

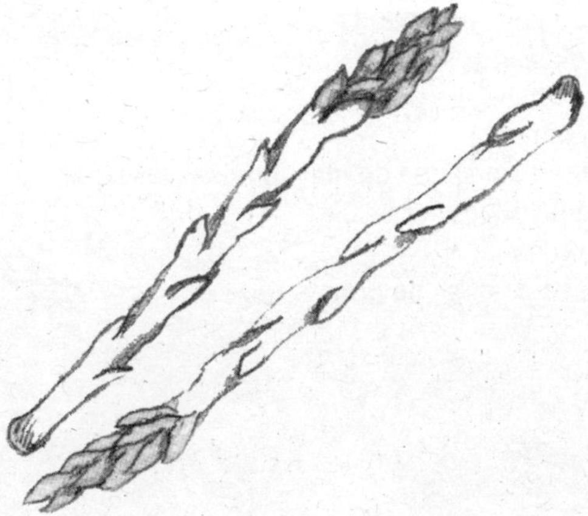

# Légumes primeurs en sauce à l'avocat

**croquant • raffiné • joli • délicat**

Le vert pâle de la sauce onctueuse et les couleurs pastel des légumes croquants font de cette entrée élégante un plat aussi plaisant à l'œil qu'au palais. Si vous n'avez pas eu le temps de faire germer des graines, garnissez les coupelles de cerfeuil ciselé.

Pour 2 personnes

150 g de fèves
4 petites carottes
6 radis rouges
2 ou 3 (selon taille) petits navets roses
100 g de pois gourmands
100 g d'asperges vertes
1/2 avocat
jus de citron
3 cuillerées à soupe de mayonnaise classique, légère ou au tofu
poivre rose
2 bonnes pincées de grain
sel

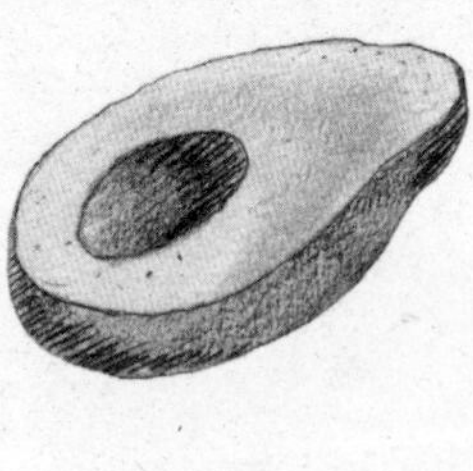

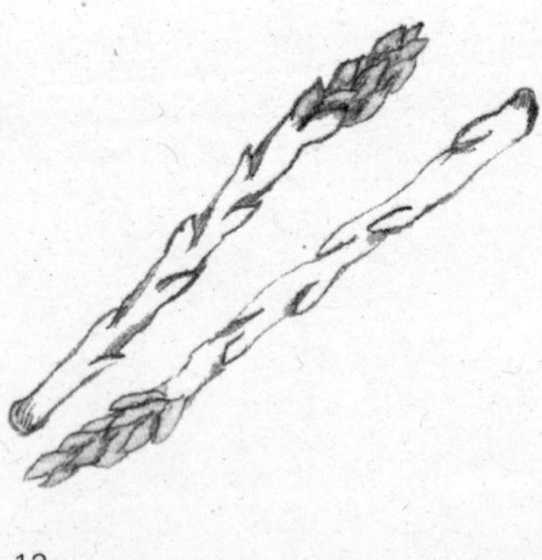

Écossez les fèves. Pelez les carottes et détaillez-les en rondelles. Retirez les fanes des radis et des navets (gardez-les pour les ajouter à un potage). Coupez les navets en deux ou en quatre selon leur taille, avec leur trognon vert. Retirez les extrémités des pois gourmands et coupez-les en deux s'ils sont gros. Pelez le dernier tiers des asperges. Coupez-les en rondelles, sauf les pointes.

Mettez tous les légumes à cuire à la vapeur, dans différents coins du panier pour pouvoir les retirer séparément du feu. Salez-les légèrement.

Au bout de 2 minutes, retirez les fèves, rincez-les sous l'eau froide et ôtez-en la peau, en la fendant avec l'ongle et en appuyant pour expulser la fève vert vif.

Surveillez bien les autres légumes pour les garder croquants : leur cuisson est très rapide. Les radis peuvent rester crus, mais ils sont très bons aussi à peine cuits

Pelez l'avocat et mixez-le avec une giclée de jus de citron et la mayonnaise. Salez si nécessaire.

Répartissez les légumes à peine cuits dans deux coupelles et surmontez d'un dôme de crème à l'avocat. Parsemez de quelques grains de poivre rose. Garnissez de graines germées.

*Variantes :* n'hésitez pas à adapter ce plat à ce que vous aurez trouvé au marché. On peut remplacer l'un ou l'autre des légumes suggérés par des oignons grelots, des petites courgettes, des petits pois, des bouquets de chou-fleur de printemps, des artichauts poivrade etc.

# Tzatziki de carottes

**original • frais • nourrissant • parfumé**

En Turquie, les carottes remplacent volontiers le concombre dans le tzatziki. Vous trouverez dans les épiceries turques du yaourt épais en pot de 500 g ou de 1 kilo. À défaut, laissez égoutter du yaourt normal dans un torchon pendant quelques heures, faites du yaourt maison bien ferme en ajoutant du lait en poudre ou bien achetez du yaourt de brebis, généralement plus dense que celui au lait de vache.

Pour 4 à 8 personnes (en entrée ou en apéritif)

300 g de jeunes carottes
500 g de yaourt épais
3 gousses d'ail pressées
2 ou 3 tiges de menthe fraîche, ciselée
3 cuillerées à soupe d'huile d'olive
le jus d'un citron (plus ou moins, au goût)
200 g de pousses d'épinards (facultatif)

Râpez finement les carottes, sans les peler si la peau est fine. Mélangez tous les ingrédients sauf les épinards, salez et laissez reposer un peu (entre 15 minutes et une heure) avant de servir frais, bien battu et comme en Grèce : à l'apéritif avec du pain que chaque convive y trempera. On peut aussi servir ce *tzatziki* en entrée, empilé sur un lit de jeunes pousses d'épinards.

*Variante :* le *tzatziki* classique, avec un concombre et de l'aneth à la place des carottes et de la menthe. Le concombre contient beaucoup d'eau qui se libère sous l'effet du sel. Il faut donc servir de suite ou sinon, prévoir de faire dégorger le concombre avant de le mettre dans le yaourt. Mais on y perd, outre du temps, de précieux éléments nutritifs.

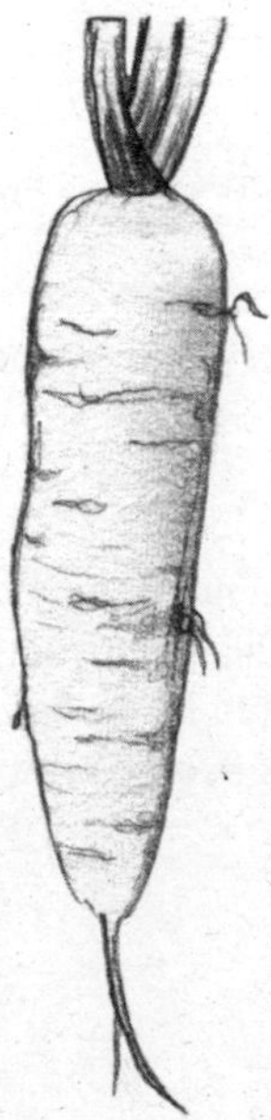

# Radis ostergruss et oignons violets en carpaccio

**facile • original • joli • vegan**

Les grands radis rouges et pointus *ostergruss* qu'on trouve vers Pâques dans l'est de la France sont très pratiques car ils sont vite coupés. Mais comme ils ont le même goût que les petits radis roses, ne vous privez pas de cette recette si vous n'en trouvez pas !

Pour 6 personnes

1 botte de radis *ostergruss* (ou 2 belles bottes de radis roses)
4 petits oignons violets nouveaux
2 cuillerée à café de graines de sésame
persil

Vinaigrette :

1 cuillerée à soupe de vinaigre de cidre,
1 cuillerée à café d'huile de sésame aromatique,
2 cuillerées à soupe d'huile de colza,
1 cuillerée à soupe de sirop d'érable,
sel et poivre du moulin

Coupez les radis et les oignons en rondelles fines, à la mandoline ou au couteau. Disposez-les joliment dans un grand plat. Emulsionnez la vinaigrette et versez-la sur les légumes. Si vous pouvez, laissez mariner une heure, mais ce n'est indispensable.

Faites dorer les graines de sésame à sec dans une petite poêle. Répartissez-les sur le carpaccio, garnissez de persil et servez.

*Variante :* Remplacez l'oignon rouge ou le radis par des rondelles de concombre *noah* (dit aussi « de jardin »). Ils ressemblent à de gros cornichons et leurs graines sont petites et digestes. Aspergez de la même vinaigrette ou variez les huiles (bourrache, noisette, argan..). Saupoudrez de quelques graines de carvi pour faciliter la digestion. Garnissez d'aneth ou de ciboulette et d'amandes effilées dorées à sec à la poêle. Servez de suite, bien croquant.

# Salade de pousses d'épinards aux champignons et au tofu fumé

**vitaminé • frais • rapide • vegan**

De tendres pousses d'épinards pointent le bout de leur nez aux premiers beaux jours. Elles sont délicieuses en salade.

Pour 2 personnes

huile d'olive
60 g de tofu fumé, coupé en lamelles
200 g de jeunes pousses d'épinards
100 g de petits champignons de Paris très frais
2 ou 3 cuillerées à soupe de jus de citron

Vinaigrette :

vinaigre de Xérès avec un trait de vinaigre balsamique,
moutarde et huile d'olive,
une petite échalote hachée marinée au sel,
sel et poivre du moulin

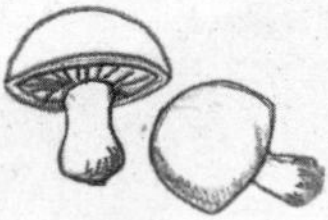

Faites frire sans hâte à l'huile d'olive les lamelles de tofu fumé. Pendant ce temps, arrosez de vinaigrette les pousses d'épinards. Retournez-les et garnissez-en un plat large et peu profond.

Émincez très finement les champignons de Paris en respectant bien leur jolie forme. Citronnez-les. Disposez-les sur les épinards. Par-dessus, répartissez vos lamelles de tofu fumé encore chaudes. Servez immédiatement.

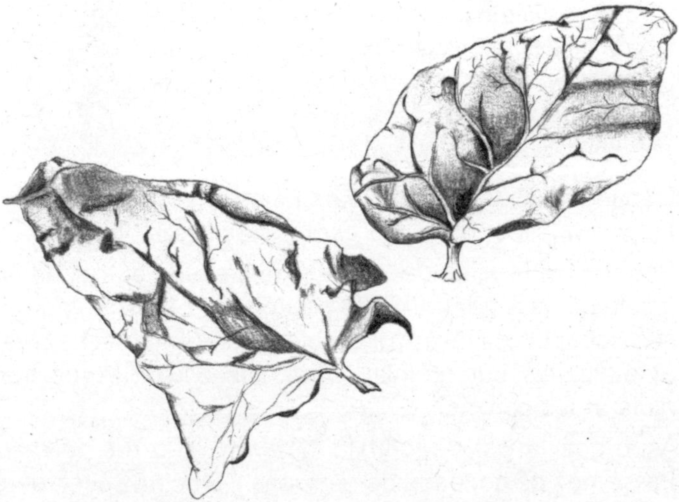

## Salade italienne de printemps

**tonique • savoureux • coloré • croquant**

En Italie, on aime bien croquer des légumes frais, en rondelles plutôt que râpés, et les servir juste arrosés d'huile et agrémentés de copeaux de parmesan.

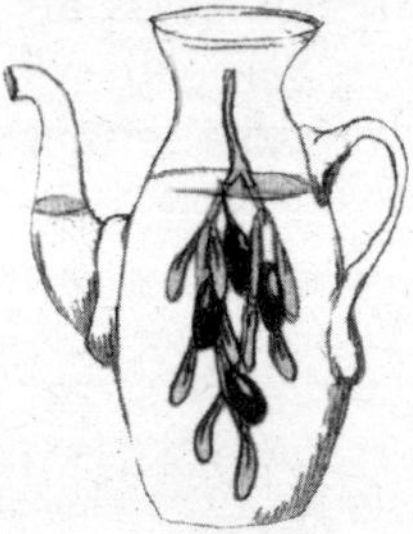

Pour 4 personnes
1 botte de radis
3 jeunes carottes
1 botte de cresson ou de pourpier
huile d'olive
1 bloc de parmesan
1 citron

Débarrassez les radis de leurs fanes puis coupez-les en fines rondelles. Pelez les carottes et faites de même.

Coupez les feuilles de la botte de cresson au ras de la ficelle qui la retient. Pour le pourpier, ôtez les plus grosses tiges. Lavez les feuilles soigneusement, séchez-les et étalez-les sur un plat. Répartissez par-dessus les radis et les carottes.

Aspergez la salade d'huile d'olive. Salez et poivrez. Parsemez de copeaux de parmesan. Décorez avec des quartiers de citron que chacun pressera à son gré.

Avec les fanes des radis, les queues du cresson et le reste de ses feuilles, un oignon et une pomme de terre, vous avez la base d'un excellent potage de printemps.

## Salade de pissenlit aux œufs mollets

**plat complet • plein de fibres • robuste • traditionnel**

Si vous ramassez le pissenlit vous-même, que ce soit dans des prés sauvages et loin des routes. Ne prenez que les plus jeunes pousses. La même salade sera très bonne aussi avec de la frisée ou des petits épinards.

Pour 4 personnes

1 belle échalote hachée
500 g de jeunes pissenlits
2 tranches de pain de campagne
1 ou 2 gousse(s) d'ail
2 cuillerées à soupe de vinaigre de Xérès (ou de vin vieux)
5 cuillerées à soupe d'huile d'olive fruitée
4 œufs cuits mollets (5 minutes)

Commencez par saler l'échalote, puis triez et lavez le pissenlit. Coupez-le en morceaux de 2 à 3 cm. Placez le pissenlit dans le saladier.

Faites griller le pain et frottez-le d'ail. Coupez-le en petits cubes.

Faites chauffer le vinaigre et l'huile avec l'échalote salée dans une petite casserole. Dès que cette vinaigrette crépite, versez-la sur les pissenlits, mélangez bien pour les fatiguer. Ajoutez les croûtons préparés, poivrez bien, mélangez encore et servez surmontés des œufs mollets écalés et coupés en deux.

# Salade de chou-fleur cru printanière

**croquant • vitaminé • joli • robuste**

Le chou-fleur de printemps, fin de goût, est excellent cru s'il est très frais. De même pour le chou romanesco, à l'invraisemblable structure pyramidale, dont la belle couleur verte restera intacte car vous ne le cuirez pas.

Pour 4 personnes

1 chou-fleur ou un chou *romanesco*
1/2 botte de cresson ou de pourpier
2 oignons nouveaux
les tiges tendres et jaunes du cœur d'un céleri branche, avec les feuilles
1 petit concombre
12 olives vertes farcies aux amandes
1 cuillerée à soupe de câpres au vinaigre
1 oeuf dur
1 petit bouquet de persil plat

Vinaigrette :

le jaune de l'œuf dur,
1 cuillerée à soupe de moutarde,
1 gousse d'ail pressée,
2 cuillerées à soupe de vinaigre de Xérès,
4 cuillerées à soupe d'huile d'olive,
sel et poivre du moulin

Détaillez le chou-fleur en gros bouquets, pelez les tiges, coupez chaque bouquet en deux puis émincez-le en lamelles fines, tige comprise.

Prélevez les feuilles du cresson, lavez-les bien et essorez-les. Pour le pourpier, ôtez seulement les grosses tiges. Émincez l'oignon et le céleri. Coupez le concombre en dés. Rincez les olives et les câpres. Hachez le blanc de l'œuf. Mettez tous ces ingrédients dans un grand saladier.

Préparez la vinaigrette : hachez le jaune de l'œuf et incorporez-lui la moutarde, l'ail, le vinaigre et l'huile. Salez et poivrez. Battez bien et versez dans le saladier. Mélangez, parsemez généreusement de persil ciselé et servez.

*Variante :* pour transformer cette salade en plat complet, vous pouvez y ajouter une boite de pois chiches égouttés ou la surmonter d'œufs mollets.

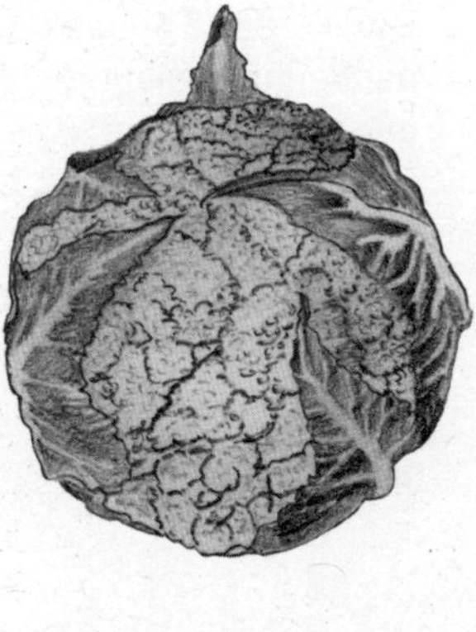

# Salade de haricots blancs à la dijonnaise

**plat complet • croquant • robuste • vegan**

Salez peu la vinaigrette, car les légumes marinés et la moutarde contiennent suffisamment de sel. Selon vos goûts, préférez de la moutarde douce ou forte.

Pour 2 personnes en plat et 4 en entrée

2 ou 3 branches de céleri
1 oignon rouge nouveau
1 petite carotte
1 boite (400 g) de haricots blancs au naturel
1 petite botte d'aneth frais (à défaut, persil ou ciboulette)

Vinaigrette :

1 cuillerée à soupe de moutarde,
1 cuillerée à soupe de vinaigre de Xérès,
2 cuillerées à soupe d'huile de colza ou d'olive,
poivre du moulin,
une pincée de sel

Émincez finement le céleri branche et l'oignon. Coupez la carotte en fines rondelles. Salez ces légumes et laissez-les mariner ainsi une dizaine de minutes au moins pour les attendrir un peu.

Battez les ingrédients de la vinaigrette dans le saladier. Rincez et égouttez les haricots.

Mélangez le tout et servez garni de fines herbes, avec du bon pain.

# Salade de pourpier

**sain • facile • rapide • vegan**

Le pourpier est une mine de santé, cru ou cuit. Il peut remplacer ou compléter les épinards dans la plupart des recettes. Cette simple salade met en valeur son petit goût acidulé.

Pour 2 personnes

150 g de pourpier
100 g de champignons de Paris ou « rosés des prés » très frais
la moitié d'un avocat
quelques noix

Vinaigrette :

vinaigre de Xérès,
huile de noix ou d'olive,
ciboulette,
sel et poivre du moulin

Lavez le pourpier et retirez-en les grosses tiges. Mettez-le dans un plat peu profond. Posez par-dessus des lamelles d'avocat et de champignons. Parsemez de cerneaux de noix. Arrosez de la vinaigrette émulsionnée et servez de suite.

# Salade de lentilles à la grecque

**plat complet • croquant • savoureux • rustique**

La feta est bien salée, de même que certaines marques de lentilles en boite : pensez-y en faisant la vinaigrette.

Pour 2 personnes en plat et 4 en entrée

2 jeunes carottes
1 branche de céleri
la moitié d'une botte de radis roses
1 boite (400 g) de lentilles vertes au naturel
200 g de mesclun
100 g de feta

Vinaigrette :

jus de citron et huile d'olive,
aneth frais,
sel et poivre du moulin

Tranchez finement à la mandoline les carottes et le céleri. Coupez les radis en rondelles. Mélangez les légumes et les lentilles, rincées et égouttées, en arrosant le tout de la vinaigrette. Servez sur un lit de mesclun et parsemez le tout de la feta émiettée.

## Salade de primeurs "Capri"

**plat complet • original • tonique • élégant**

Une salade d'inspiration italienne, inspirée de la fameuse *"caprese"* (mozzarella, tomates et basilic) que vous retrouverez en plein été. En attendant, voici une version qui fait honneur aux premiers légumes de la saison.

Pour 2 personnes en plat et 4 en entrée

1 mozzarella de bufflonne
6 carottes primeurs
1 botte de radis
1 petit chou-rave
2 ou 3 navets nouveaux
cerfeuil, ciboulette ou persil

Vinaigrette :

jus de citron et huile d'olive,
sel et poivre du moulin

Si vous avez une mandoline pour couper finement les légumes, cette salade sera prête en un clin d'œil, sinon, à vos couteaux ! Coupez la mozzarella en tranches d'un demi centimètre et disposez-les dans un grand plat. Pelez les carottes. Coupez-les en fines rondelles, ainsi que les radis, le chou-rave et les navets. Dans une jatte, salez et poivrez les légumes tranchés et aspergez-les de jus de citron et d'huile d'olive. Mélangez bien et recouvrez partiellement les tranches de mozzarella de ces crudités. Parsemez de fines herbes.

*Variante :* Ajoutez d'autres crudités (artichaut poivrade, betterave rouge, fenouil, fève...). Remplacez la mozzarella par du brocciu corse.

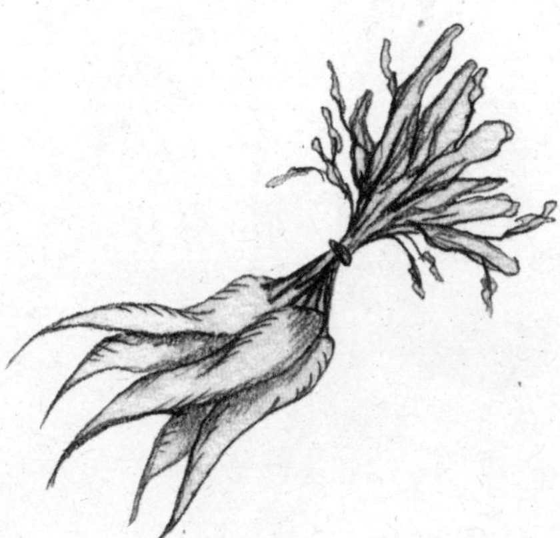

# Soupes

## Consommé de légumes aux ravioles du Royans

**délicat • léger • original • nourrissant**

Les ravioles « du Royans », ou « du Dauphiné », s'achètent au rayon frais (en barquette et en plaques) ou surgelé (en sachet, détachées). Ce sont de tout petits raviolis farcis au fromage frais et au comté, mais il en existe aussi au chèvre. Ils sont très délicats et cuisent en deux minutes sans jamais bouillir. Les enfants les adorent, en général, et ils mangeront plus volontiers leur soupe aux légumes.

Pour 4 personnes

300 g de jeunes carottes
1 petit navet
1/2 bulbe de fenouil
100 g de champignons de Paris
1 poireau moyen
1 petit bouquet de brocoli (100 à 150 g)
1 noix de beurre
1 cube de bouillon de légumes
la moitié (120 g) d'une barquette de petites ravioles
ciboulette ou cerfeuil

Si vous avez une mandoline, elle vous fera gagner du temps, à la préparation et à la cuisson. Mais sinon, armez-vous d'un couteau bien aiguisé !

Tranchez les carottes en fines rondelles, sans les peler si la peau est fine. Coupez le navet et le fenouil en lamelles tout aussi minces. Émincez finement les champignons puis le blanc du poireau et seulement deux centimètres du vert. Détaillez le brocoli en tout petits bouquets.

Faites suer les légumes légèrement salés dans le beurre. Quand ils ont bien diminué de volume, versez un bon litre d'eau froide et ajoutez le cube de bouillon. Amenez rapidement à ébullition et laissez frissonner à couvert dix minutes. Vérifiez que les légumes sont cuits, sans trop, puis glissez dans le potage frémissant 2 plaques de ravioles du Royans (1/2 paquet, ou 120 g) sans les détacher. Ramenez au seuil de l'ébullition en remuant doucement sans arrêt pour séparer les ravioles. Le liquide doit seulement frissonner. Au bout de deux minutes à peine, portez à table et servez de suite, garni de fines herbes.

# Potage au cresson

**tonique • coloré • vitaminé • goûteux**

Les cuissons longues privent le cresson de ses vitamines, ternissent sa belle couleur et altèrent son goût poivré. Le secret d'un potage réussi, c'est d'ajouter les feuilles en dernier !

Pour 4 personnes

2 bottes de cresson
2 à 4 (selon taille) oignons nouveaux
1 cuillerée à soupe d'huile d'olive
25 g de beurre (ou une huile neutre)
1 ou 2 pommes de terre farineuses (environ 300 g)
muscade
1 cube de bouillon de légumes
2 cuillerées à soupe de purée d'amandes
un peu de lait (de vache, de soja, d'amande, de riz…)

Avant de défaire les bottes de cresson, coupez les bouquets de feuilles au ras des tiges.

Lavez à part les tiges (avec les feuilles qui y sont restées attachées) et les feuilles, bien soigneusement. Hachez les tiges de cresson et les oignons nouveaux. Faites-les revenir doucement dans le mélange huile et beurre, dans un faitout, légèrement salés.

Quand les oignons sont transparents, versez pardessus un litre d'eau additionnée du cube de bouillon.

Portez à ébullition.

Pelez les pommes de terre et coupez les en dés. Mettez-les dans le faitout avec une pincée de muscade et la purée d'amandes. Couvrez.

Quand les pommes de terre sont cuites, ajoutez les feuilles de cresson (en en réservant une poignée pour la décoration), mélangez bien, donnez un bouillon puis réduisez le potage en velouté dans un mixeur. Goûtez pour rectifier l'assaisonnement et ajoutez du lait si le potage est trop épais. Servez garni des feuilles de cresson réservées.

*Variantes :*
Dans cette recette, le potage est lié à la purée d'amandes, mais si vous n'en avez pas, ajoutez (avant les feuilles) 1 cuillerée à soupe de crème de riz ou d'avoine délayée dans du lait froid et donnez quelques bouillons en remuant jusqu'à épaississement.

*Autres possibilités :*
20 cl de crème épaisse (de vache, de soja, ou d'avoine) ou 4 portions de fromage fondu de type « kiri ». Remplacez le cresson par beaucoup de cerfeuil, pour un potage au goût anisé très délicat.

# Potage aux carottes et au citron

**facile • original • raffiné • coloré**

Ce potage est délicieux toute l'année mais il atteint des sommets avec les jeunes carottes de printemps !

Pour 4 personnes

1 kilo de carottes
1 gros oignon
1 beau citron bio
2 cuillerées à soupe d'huile d'olive douce
1 cube de bouillon de légumes
2 cuillerées à soupe de crème (de vache, de soja ou d'avoine)
1 cuillerée à soupe de fécule de maïs ou de pomme de terre
persil plat ou ciboulette

Râpez les carottes lavées mais non pelées. Hachez l'oignon. Râpez le zeste du citron et pressez-le.

Faites revenir doucement ensemble à l'huile l'oignon et les carottes, légèrement salés. Quand les légumes sont tombés, ajoutez le zeste de citron et un bon litre d'eau additionnée du bouillon. Portez à ébullition et laissez mijoter à couvert une vingtaine de minutes.

Mixez le potage puis remettez-le sur le feu. Travaillez la fécule avec la crème et versez la préparation dans le potage. Remuez sans arrêt pendant 2 minutes. Quand le potage est lié, versez le jus de citron, goûtez pour rectifier l'assaisonnement et servez garni de fines herbes ciselées.

# Soupe aux herbes

**économique • tonique • coloré • savoureux**

Cette soupe est merveilleuse pour utiliser les feuilles de bons légumes bio qu'on jette trop souvent (jolies fanes bien fraîches de radis, de navets, de betteraves) et les herbes sauvages du printemps (ortie, ail des ours, pissenlit, bourrache...) On les complète par des épinards, du vert de blettes, du cresson, du chou pointu, du pourpier, de la roquette, de la laitue, du persil, de l'oseille etc. Veillez simplement aux proportions et ne mettez des herbes amères ou très fortes en goût qu'en petites quantités. Si les herbes sont vigoureuses, accommodez-les au piment, à l'ail et à l'huile d'olive et râpez du parmesan par dessus. Si elles sont délicates, préférez beurre ou huile de tournesol, avec peut-être un soupçon de crème ou des croûtons.

Pour 2 personnes

500 g de fanes, d'herbes et de feuilles
1 cuillerée à soupe d'huile ou du beurre
1 oignon doux
1 gousse d'ail (facultatif)
1/2 cuillerée à café de piment d'Espelette (facultatif)
1 cube de bouillon de légumes
250 g de pommes de terre

éventuellement :

crème, parmesan, croûtons, huile d'olive...

Lavez bien les herbes et ciselez-les finement. Hachez l'oignon et la gousse d'ail, salez légèrement et faites-les suer dans l'huile une minute ou deux, avec le piment. Ajoutez les herbes et « brassez » (comme on dit au Québec) jusqu'à ce qu'elles tombent.

Versez un litre d'eau chaude additionnée du cube de bouillon. Amenez à ébullition avant d'ajouter les pommes de terre coupées en petits dés. Servez dès que les pommes de terre sont cuites : guère plus de 10 minutes si vos dés sont petits. Goûtez quand même avant pour rectifier l'assaisonnement et mettez les garnitures qui vous conviennent

*Variantes :* Donnez juste un coup de pied mixeur pour lier le potage.Faites revenir une tige de céleri hachée avec l'oignon.Remplacez la pomme de terre par un reste de pâtes ou de riz cuits.Si vous aimez le goût acidulé et ne trouvez pas d'oseille, remplacez-la par une tige de rhubarbe hachée finement (sans la feuille, qui n'est pas comestible).

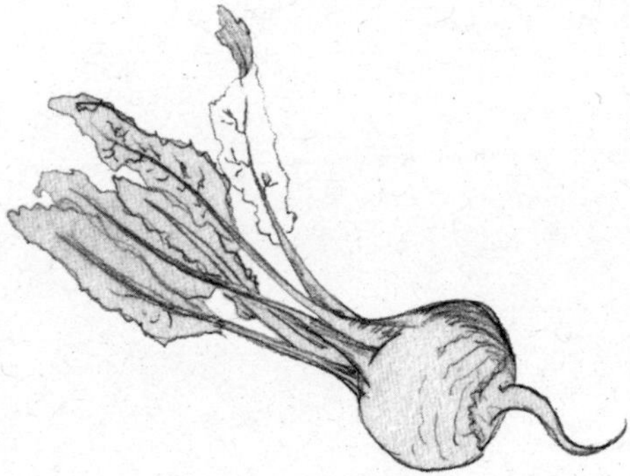

# Soupe espagnole aux blettes et aux pois chiches

**plat complet • robuste • parfumé • vegan**

En Espagne, on épaissit souvent les soupes avec une pâte à base de pain et de poudre d'amandes ou de pignons, parfumée d'ail ou de zeste d'agrumes. La maïzena peut aller se rhabiller !

Pour 2 personnes

500 g de côtes de blettes
2 cuillerées à soupe d'huile d'olive
paprika doux
1 boite (400 g) de pois chiches bio cuisinés

pour la pâte

2 gousses d'ail hachées
1 poignée de pignons de pin ou d'amandes
1/2 tranche de pain grillé coupé en dés

Lavez les blettes. Coupez les côtes en bâtonnets et les feuilles en lanières. Faites fondre les côtes, légèrement salées, sans hâte à l'huile d'olive. Saupoudrez d'une pincée de paprika. Recouvrez d'eau et ajoutez les pois chiches avec leur liquide. Amenez à ébullition. Ajoutez les feuilles vertes hachées.

Au hachoir électrique ou au mortier, réduisez l'ail, les pignons et le pain en pâte avec un peu d'eau si nécessaire. Ajoutez-la à la soupe et laissez mijoter quelques minutes pour épaissir et ôter le goût de l'ail cru. Vérifiez l'assaisonnement et poivrez.

Servez chaud ou tiède.

*Variante :* remplacez les blettes par le même poids de chou pointu.

# Velouté de petits pois à la menthe

**vert • frais • délicat • vegan**

Pour 4 personnes

1 kilo de petits pois à écosser
1 pomme de terre farineuse (200 à 300 g)
2 jeunes poireaux
1 oignon nouveau
quelques tiges de menthe douce
1 cuillerée à soupe d'huile neutre

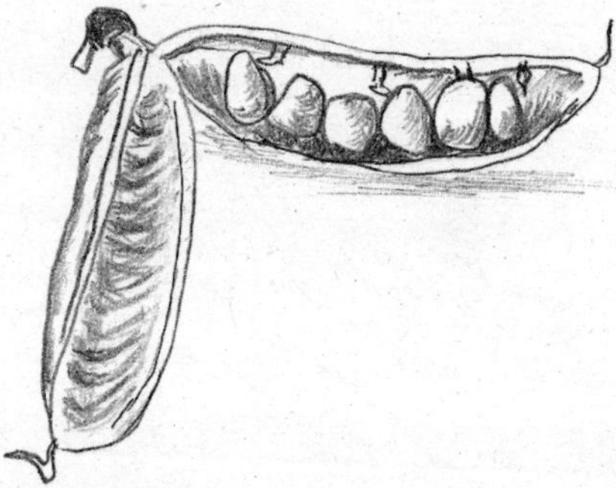

Écossez les petits pois. Pelez la pomme de terre et coupez-la en dés. Lavez les poireaux et coupez le blanc et la partie vert clair en tronçons. Émincez l'oignon, le vert compris. Effeuillez la menthe.

Faites chauffer l'huile et mettez-y le poireau, l'oignon et les queues de menthe à suer doucement, à couvert, pendant 5 minutes. Salez légèrement. Ne laissez pas prendre couleur

Versez un litre d'eau et portez à ébullition. Ajoutez les dés de pomme de terre. Salez, poivrez et couvrez. Au bout de 15 minutes, la pomme de terre sera presque tendre. Ajoutez les petits pois et les feuilles de menthe. Laissez encore frissonner quelques minutes à couvert. Quand les petits pois sont cuits, récupérez les tiges de menthe puis mixez bien. Servez de suite, tant que le potage est bien vert, garni de feuilles de menthe.

On peut aussi servir ce velouté froid.

*Variante pour ceux qui ont le temps et qui n'aiment pas jeter...* Lavez les cosses des petits pois, couvrez-les largement d'eau, salez-les et faites-les cuire une heure. Filtrez le bouillon parfumé obtenu et utilisez-le à la place de l'eau.

# Potage à l'ail nouveau

**simple • délicat • parfumé • subtil**

Pour 4 personnes

2 belles têtes d'ail nouveau
500 g de pommes de terre nouvelles
30 g de beurre
1 poignée de persil plat
1 feuille de laurier
2 brindilles de thym sec
1 cube de bouillon de légumes bio
Herbes fraîches : ciboulette, livèche ou aneth

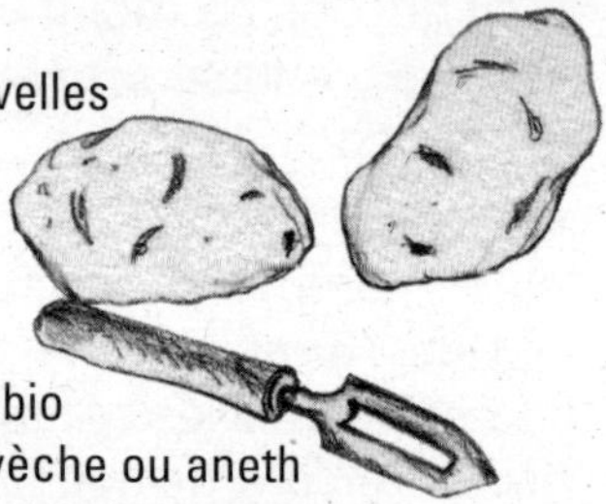

Épluchez les gousses d'ail et émincez-les finement. Pelez les pommes de terre et coupez-les en dés. Faites revenir le tout au beurre doucement, pendant quelques minutes, avec le persil ciselé, le laurier et le thym. Ne laissez pas colorer : si vous salez de suite ce sera plus facile.

Versez 1 bon litre d'eau additionnée du cube de bouillon. Portez à ébullition puis couvrez et laissez frissonner.

Dès que les pommes de terre sont tendres (au bout d'un petit quart d'heure, en général), donnez un seul coup de pied mixeur juste pour lier le potage et ajoutez un peu d'eau si nécessaire. Servez poivré et généreusement garni d'herbes ciselées.

# Potage épinards-carottes à l'aneth

**léger • vif • coloré • parfumé**

Ne cuisez pas ce potage trop longtemps, pour que l'orange des rondelles de carotte tranche nettement sur le vert profond des épinards. Le parfum vif et délicat de l'aneth est caractéristique du printemps dans les pays du sud et de l'est de la Méditerranée.

Pour 4 personnes

300 g d'épinards frais
400 g de jeunes carottes
2 cuillerées à soupe d'huile d'olive
1 oignon doux
3 gousses d'ail
1 cuillerée à café de cumin en poudre
60 g de riz long grain léger (basmati, Surinam, Vietnam...)
1 bouquet d'aneth
1 citron

Lavez les épinards et retirez-en les plus grosses queues. Hachez-les finement à cru au couteau, ou au robot en ajoutant un peu d'eau pour faciliter l'opération. Si vos carottes sont jeunes et fraîches, inutile de les peler. Lavez-les bien et coupez-les en rondelles très fines : là aussi, le robot n'est pas indispensable mais vous fera gagner du temps.

Faites revenir l'oignon haché dans l'huile. Quand il est transparent, ajoutez l'ail haché et quelques minutes après, le cumin, les carottes et le riz lavé et égoutté. Faites revenir gentiment une minute en remuant.

Ajoutez les épinards hachés et un litre d'eau. Salez. Dès que le riz est cuit, ajoutez l'aneth ciselé et une ou deux cuillerées à soupe de jus de citron, goûtez pour rectifier le sel, poivrez et servez éventuellement allongé d'un peu d'eau.

Ce potage ne se réchauffe pas bien : ses couleurs et ses saveurs y perdent en fraîcheur.

# Potage au miso aux champignons et à l'oignon nouveau

**léger • dépaysant • reconstituant • vegan**

Le miso ne doit pas cuire, ce potage est donc très vite fait ! Le miso est produit à partir de haricots de soja et de céréales. Plus la pâte est foncée, plus elle a de goût. Si vous ne trouvez pas de « lentins de chêne », le nom français des *shiitake*, remplacez-les par des champignons rosés des prés.

Pour 2 personnes

1 cuillerée à café de graines de sésame
250 g de champignons lentins de chêne émincés
1 cuillerée à soupe d'huile neutre
1 cuillerée à café d'huile de sésame aromatique (épiceries asiatiques)
6 cl de pâte *miso* assez foncée, selon goût
sauce de soja au goût
1 oignon nouveau
50 g de tofu nature

Faites griller les graines de sésame dans une petite poêle, à sec. Ne les laissez pas brûler : il suffit que les graines foncent un peu et sentent bon. Réservez.

Faites chauffer l'huile neutre dans une poêle et faites-y revenir les lentins de chêne émincés, sans les pieds qui sont impropres à la consommation. Laissez-les brunir un peu. Salez et poivrez. Réservez.

Versez 75 cl d'eau dans une casserole et amenez au seuil de l'ébullition avant d'ajouter le *miso*. Mélangez sur feu doux pour dissoudre la pâte, sans laisser bouillir.

Ajoutez l'huile de sésame, les champignons revenus, les graines grillées et la sauce de soja. Goûtez pour rectifier l'assaisonnement. Servez garni de l'oignon finement émincé (le blanc comme le vert) et de petits dés de tofu.

*Variante :* à la place ou en plus de l'oignon, mettez quelques fines rondelles de radis dans le potage avant de servir, pour leur croquant et leur saveur poivrée.

## Velouté d'asperges vertes aux amandes

**élégant • coloré • délicat • vegan**

Ce velouté raffiné est un vrai bonheur de printemps, assez élégant pour recevoir.

Pour 4 personnes

500 g d'asperges vertes
2 échalotes
1 gousse d'ail
1 tige tendre de céleri
1 cuillerée à soupe d'huile neutre
1 noix de beurre
1 cube de bouillon de légumes bio
1 cuillerée à soupe de purée d'amandes au naturel
1 cuillerée à soupe d'amandes effilées

Lavez les asperges et cassez-en la partie dure. Pelez juste leur dernier tiers. Coupez-les en rondelles en réservant quelques pointes. Hachez les échalotes, l'ail et le céleri. Gardez quelques jolies pluches de céleri.

Faites suer les asperges, le céleri l'ail et l'échalote dans l'huile et le beurre pendant 5 à 10 minutes sans colorer, en les salant au préalable. Versez un litre d'eau et ajoutez le cube de bouillon et la purée d'amandes. Portez à ébullition et laissez frissonner à couvert une dizaine de minutes.

Quand les légumes sont tendres, plongez un pied mixeur dans le potage et réduisez-le en velouté. Ensuite, ajoutez les pointes d'asperges réservées coupées en deux et laissez-les cuire quelques minutes. Rectifiez la quantité d'eau et le sel, poivrez et servez parsemé d'amandes effilées et des pluches de céleri réservées.

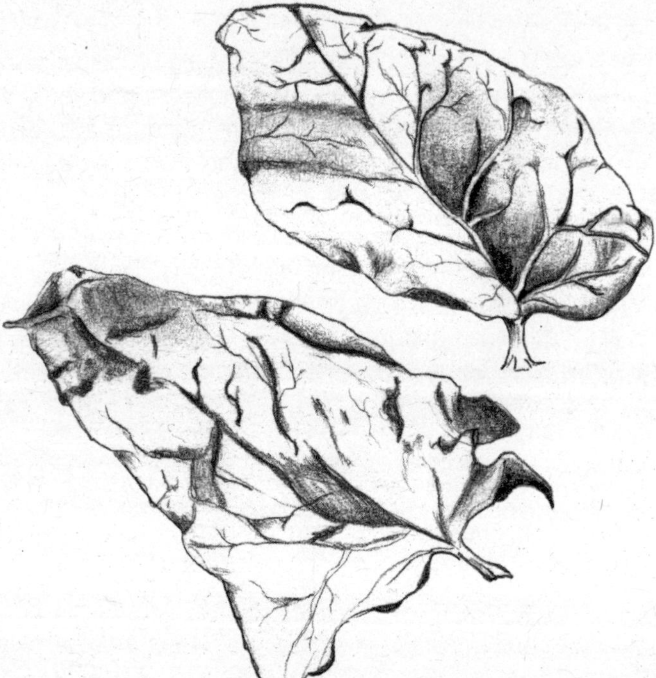

# Plats de légumes

## Sauté d'épinards aux pois chiches et au tahiné

**complet • robuste • savoureux • rapide**

Pour 2 personnes

500 g d'épinards
2 cuillerées à soupe d'huile d'olive
1 gros oignon
2 gousses d'ail
1 boîte (400 g) de pois chiches
1 cuillerée à soupe de tahiné
1 cuillerée à soupe de crème fraîche ou de crème de soja

Lavez les épinards, enlevez les plus grosses queues et coupez les feuilles en lanières si elles sont grandes

Faites revenir l'oignon et l'ail, hachés, à l'huile d'olive. Quand l'oignon est transparent, mettez les épinards dans la sauteuse et faites-les tomber, puis, sans attendre, versez les pois chiches rincés et égouttés. Quand ils sont réchauffés, mélangez dans un bol la crème et le tahiné et ajoutez-les hors du feu. Servez sur du riz.

# Crêpes aux épinards et au roquefort

**plat complet • élégant • savoureux • facile**

Ce plat haut en goût, décoratif et délicieux est parfait pour recevoir des non-végétariens, qui se régaleront sans demander leur viande ! Accompagnez-le d'un vin rouge corsé pour tenir tête au roquefort.

Pour 4 personnes

- les crêpes :
  150 g de farine, moitié farine de blé noir ( de sarrasin), moitié farine blanche
  1 œuf
  1 verre de lait
  1 verre de bière ou d'eau
  sel, poivre
  huile

- Pour la farce :
  800 g d'épinards frais
  5 cl de crème fraîche
  100 g de roquefort
  une cuillerée à soupe de graines de sésame

Faites la pâte à crêpes en battant bien tous les ingrédients. Laissez la reposer une heure ou plus, si vous pouvez, mais ce n'est pas indispensable. Si elle est trop épaisse après avoir gonflé, ajoutez de l'eau pour obtenir la consistance voulue : comme de la crème fluide. Faites vos crêpes et réservez-les au chaud entre deux assiettes.

Lavez et équeutez les épinards. Faites-les cuire dans une grande casserole juste avec l'eau qui perle sur les feuilles, à feu vif et en remuant souvent. C'est fait en 5 minutes : arrêtez la cuisson dès qu'ils sont « tombés ». Égouttez-les soigneusement en les pressant avec une écumoire dans une passoire. Hachez-les grossièrement au couteau. Ajoutez un peu de sel, du poivre, la crème et la moitié du roquefort émietté. Farcissez les crêpes avec la préparation aux épinards. On peut les rouler ou faire des pannequets (paquets carrés). Rangez-les dans un plat à four. Émiettez le reste du roquefort dessus et éparpillez les graines de sésame

Passez au four (180°C) pendant 10 à 20 minutes, selon que les ingrédients sont encore bien chauds ou non.

Servez avec des carottes pour un ravissant contraste de couleurs.

# Croquettes de pois chiches sur lit de pousses d'épinards

**plat complet • facile • protéiné • vegan**

Un plat simple et délicieux, tout en contrastes : le vert foncé des épinards et les tons dorés des croquettes, le chaud et le froid, le croquant et le moelleux... Servez en même temps une petite sauce au yaourt, de lait de vache ou de soja, battue et juste salée et poivrée, avec beaucoup de ciboulette ou d'aneth frais.

Pour 4 personnes

300 g de jeunes pousses d'épinards
1 boîte (800 g) de pois chiches
1 cuillerée à café rase de cumin en poudre
1 cuillerée à café rase de piment d'Espelette
30 g de farine bise
1 petit bouquet de persil plat
huile d'olive
1 citron

Lavez et séchez les pousses d'épinards. Étalez-les sur le plat de service.

Rincez et égouttez les pois chiches. Mixez-les avec les épices en arrêtant la machine de temps en temps pour repousser le mélange vers la lame. Pour finir, ajoutez le persil ciselé et la farine et incorporez à la main.

Formez huit galettes. Faites-les dorer à l'huile d'olive, 4 minutes de chaque côté.

Arrosez les pousses d'épinards de jus de citron et d'huile d'olive. Salez et poivrez puis mélangez. Posez les croquettes sur ce lit bien vert. Servez de suite avec la sauce au yaourt.

*Variantes :* Remplacez les pousses d'épinards par du cresson de fontaine, du pourpier ou par la première roquette de printemps, bien en feuilles, tendre et savoureuse.

# Épinards à la catalane

**accompagnement • traditionnel • coloré • vegan**

Un producteur bio du Larzac m'a affirmé que la cuisson à l'eau était préférable à la cuisson à l'étouffée... En effet, même les épinards bio contiendraient des nitrates, qu'ils évacuent dans l'eau. Moi qui croyait bien faire en gardant précieusement tous les sels minéraux ! Depuis j'alterne, d'une recette à l'autre...

Pour 4 personnes

1 kilo d'épinards
2 cuillerées à soupe d'huile d'olive
1 gousse d'ail hachée
100 g de raisins de Corinthe (petits, foncés)
50 g de pignons

Lavez les épinards et faites-les cuire dans de l'eau salée 5 minutes. Pressez-les dans une passoire et hachez-les grossièrement.

Faites dorer les pignons à sec dans une petite poêle en les surveillant de très près.

Dans une sauteuse, faites rissoler l'ail dans l'huile une minute ou deux, avant d'ajouter les raisins secs puis les épinards. Réchauffez rapidement en remuant souvent, sans couvrir. Salez et poivrez. Servez parsemé des pignons.

J'aime bien accompagner ce plat de quinoa ou de boulgour et de haricots blancs. Pour ceux qui mangent des œufs, une quiche aux champignons serait très bien aussi.

*Variante :* remplacez les épinards par du vert de blettes, et hop, voilà les blettes à la catalane ! Cuisez-les un peu plus longtemps.

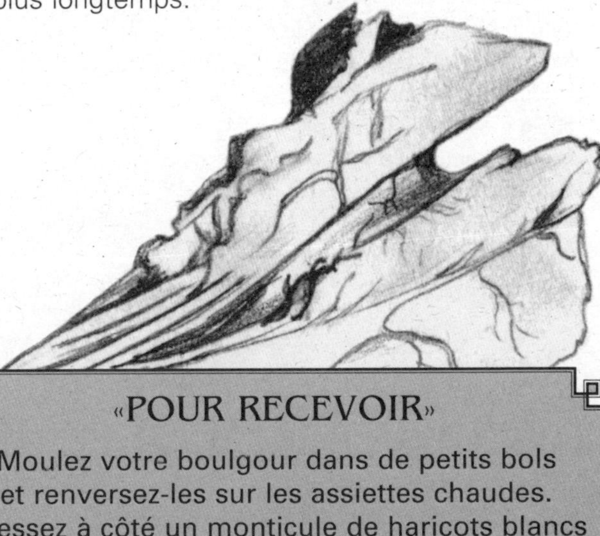

### «POUR RECEVOIR»

Moulez votre boulgour dans de petits bols
et renversez-les sur les assiettes chaudes.
Dressez à côté un monticule de haricots blancs
revenus à l'échalote et au persil
et une bonne portion d'épinards.
Garnissez de tomates cerise et poudrez
le bord de l'assiette de paprika fumé
(ou nature) ou de piment d'Espelette.

# Cassolettes d'épinards aux œufs à la grecque

**plat complet • léger • parfumé • coloré**

Les épinards et l'aneth sont typiques de la Grèce au printemps.

2 cuillerées à soupe d'huile d'olive
3 oignons nouveaux hachés avec un peu du vert
1 gousse d'ail hachée
500 g d'épinards lavés
1 petit bouquet d'aneth
4 œufs frais
100 g de feta
muscade

Faites revenir à l'huile l'oignon et l'ail. Au bout de deux ou trois minutes, ajoutez les épinards et brassez-les bien jusqu'à ce qu'ils tombent. Ajoutez l'aneth ciselé vers la fin.

Égouttez bien les épinards. Hachez-les grossièrement. Salez, poivrez et râpez un peu de muscade. Mélangez. Répartissez la préparation dans 4 ramequins. Ménagez une dépression sur le dessus et cassez-y un œuf. Émiettez de la feta par-dessus et passez au four moyen (180°) pendant 10 minutes. Servez avec du bon pain.

*Variantes :*
- Au fond des cassolettes, mettez une couche de riz cuit.
- Faites revenir des champignons en même temps que les oignons.

# Artichauts aux fèves

**raffiné • parfumé • dépaysant • vegan**

Savoureuse recette de printemps des îles grecques, à faire avec des artichauts poivrade et les toutes premières fèves de la saison consommées entières, avec leur gousse : bonne nouvelle, pas d'épluchage !

Pour 2 à 3 personnes

1 citron
1 bouquet d'artichauts poivrade très frais
300 g de jeunes fèves
4 oignons nouveaux
quelques gousses d'ail nouveau (absolument, sinon, pas d'ail)
huile d'olive
un verre de vin blanc sec
herbes fraîches : aneth (très grec !) sinon, persil ou menthe

Râpez environ la moitié du zeste du citron, puis pressez-le. Réservez le zeste et une cuillerée à soupe de jus et versez le reste dans une bassine d'eau avec les écorces.

Parez les artichauts. Cassez les feuilles du pourtour, jusqu'à ce vous sentiez, sous la main, qu'elles sont moins dures puis posez chaque cœur d'artichaut à plat sur une planche et tranchez-le aux deux tiers de sa hauteur. Retirez les queues. Coupez les cœurs en deux et jetez-les dans l'eau citronnée. Lavez les fèves et coupez-les en tronçons de 4 cm. Coupez les oignons nouveaux en quartiers. Gardez le vert pour la fin de la recette. Épluchez les gousses d'ail nouveau et laissez-les entières.

Faites chauffer dans une cocotte ou une bonne sauteuse une certaine quantité d'huile d'olive. En Grèce on en met beaucoup mais vous n'êtes pas obligé d'en faire autant ! Ajoutez les légumes, salez et poivrez, faites-les suer doucement. Quand les oignons sont transparents, mouillez de vin blanc, ajoutez un peu de zeste de citron et couvrez. Laissez cuire à petit feu en remuant de temps en temps et en surveillant, surtout si vous avez mis peu d'huile.

En principe, il faut compter 20 minutes de cuisson, mais le plat attendra volontiers et les légumes deviendront de plus en plus fondants, comme on les aime en Grèce.

Avant de servir, faites évaporer l'excès de liquide s'il y a lieu, ciselez les herbes par-dessus avec le vert des oignons, arrosez du jus de citron, mélangez bien et servez.

*Variantes :* Rendez le plat plus consistant en ajoutant des pommes de terre nouvelles.

Servez par-dessus chaque portion un œuf poché, pour un repas complet avec du bon pain.

Si vous ne trouvez pas de fèves jeunes, trichez avec des pois gourmands et quelques fèves écossées et épluchées, à ajouter aux artichauts quand ils sont presque cuits.

# Tajine d'artichauts aux pois chiches, aux carottes et aux olives

**plat complet • typique • parfumé • facile**

Si vous possédez un vrai plat à tajine, utilisez-le, bien sûr, mais dans ce cas ne lésinez pas sur la quantité d'huile. Vous pouvez aussi mener en cocotte une cuisson plus économe en matière grasse et présenter ensuite, si vous recevez, le tajine dans son plat typique préalablement chauffé.

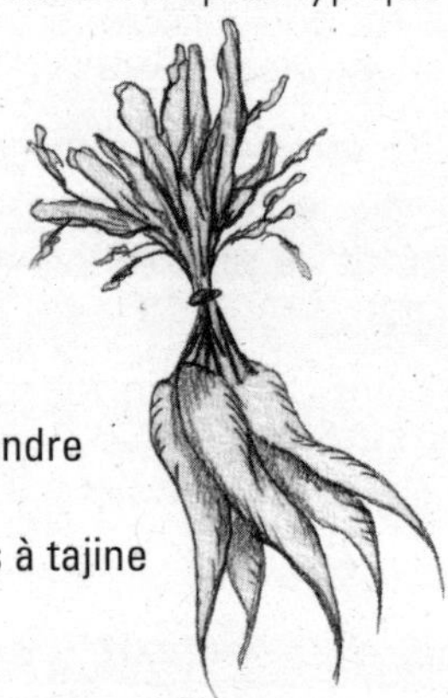

Pour 4 personnes

1 citron
1 bouquet d'artichauts poivrade
1 botte de jeunes carottes (500 g)
1 botte d'oignons nouveaux
quelques brins de persil et de coriandre
3 cuillerées à soupe d'huile d'olive
2 bonnes cuillerées à café d'épices à tajine ou de *ras el hanout*
1 bonne pincée de safran
1 douzaine d'olives vertes
1 bocal de pois chiches (600 g)
1 citron confit coupé en tranches (facultatif)

Pressez le citron. Versez le jus dans une petite bassine d'eau. Parez les artichauts (voir recette précédente). Coupez chaque cœur en quatre et jetez les morceaux dans l'eau citronnée. Pelez les carottes et coupez-les en tronçons de 2 à 3 cm.

Pelez et émincez les oignons en mettant à part les parties vertes. Lavez les herbes. Réservez les feuilles à part et hachez les queues.

Faites chauffer l'huile dans une cocotte noire ou émaillée, munie d'un bon couvercle.

Faites revenir les oignons doucement. Dès qu'ils sont transparents, saupoudrez de *ras el hanout* et faites frire encore une minute. Ajoutez les carottes, les artichauts égouttés, le vert des oignons et les queues de persil et de coriandre. Faites revenir quelques minutes avant d'ajouter un bon verre d'eau. Salez, couvrez et dès l'ébullition, baissez le feu.

Faites tremper le safran dans un peu d'eau chaude. Rincez les olives et les pois chiches. Vous avez le temps de préparer le riz ou le couscous qui accompagneront le tajine.

Au bout de 15 à 20 minutes, piquez dans les artichauts et les carottes. Ils doivent être cuits, mais encore un peu résistants. Ajoutez les pois chiches rincés, le safran avec son liquide trempage, les olives et le citron confit. S'il ne reste pas assez de liquide, versez un peu d'eau. Laissez mijoter encore quelques minutes. Le jus doit être court.

Servez parsemé des feuilles de persil et de coriandre ciselées.

*Variante traditionnelle :* Cassez un œuf par personne sur la préparation en fin de cuisson. Couvrez et laissez les œufs prendre pendant 4 minutes avant de servir.

# Carottes nouvelles à la marocaine

**accompagnement • moelleux • parfumé - dépaysan•**

Dans la cuisine marocaine, on couvre les aliments d'eau au départ et on laisse prendre couleur en fin de cuisson, alors qu'en France, on fait rissoler d'abord puis on mouille d'eau. Le résultat est un peu plus moelleux en suivant la méthode marocaine. Le sumac est une graine rouge foncé, au goût acidulé et aromatique. On en trouve dans les épiceries turques et maghrébines.

Pour 2 personnes

1 botte de petites carottes fanes
1 cuillerée à café de cumin en poudre
1/2 cuillerée à café de coriandre en graines
25 g de beurre
1 cuillerée à soupe de miel
une pincée de poudre de sumac (ou une giclée de jus de citron)
coriandre fraîche

Coupez les fanes des carottes en leur laissant juste 2 cm de tiges. Inutile de les peler mais lavez-les soigneusement. Rangez-les dans une sauteuse avec tous les autres ingrédients. Couvrez à peine d'eau. Salez.

Laissez cuire à moitié couvert une vingtaine de minutes. Surveillez vers la fin : une fois le liquide évaporé, vos carottes doivent rissoler, pas attacher !

Garnissez de sumac et de coriandre fraîche.

# Petits pois à la française

**accompagnement • raffiné • parfumé • traditionnel**

En principe, cette merveilleuse recette de printemps se fait avec des lardons, mais vous verrez qu'on s'en passe fort bien !

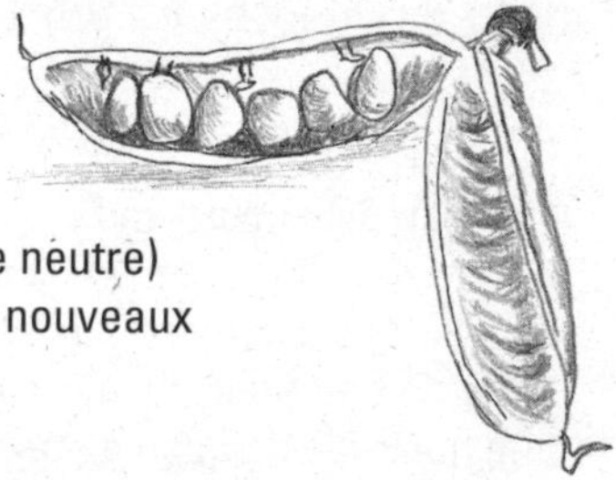

Pour 2 personnes

500 g de petits pois
20 g de beurre (ou une huile neutre)
2 ou 4 (selon taille) oignons nouveaux
une petite laitue
un bouquet de cerfeuil

Écossez les pois. Pour deux personnes, c'est vite fait !

Faites fondre le beurre dans une bonne casserole à fond épais. Coupez les oignons en rondelles, avec le vert et faites-les suer doucement, légèrement salés.

Posez les feuilles de laitue dans le fond, déposez ensuite les oignons mi-cuits et versez les petits pois dans la casserole. Salez encore un peu, poivrez et couvrez. Laissez mijoter 10 minutes à petit feu.

Goûtez et quand les petits pois sont tendres, servez-les abondamment garnis de cerfeuil ciselé. Le jus est délicieux, léger et abondant, vous pouvez y tremper votre baguette !

# Poêlée de pois gourmands aux oignons nouveaux

**accompagnement • délicat • rapide • vegan**

Ceux qui n'aiment pas le goût fumé prendront plutôt du tofu aux herbes ou aux amandes.

Pour 4 personnes

800 g de pois gourmands
1 botte d'oignons nouveaux ou de cébettes
2 cuillerées à soupe d'huile neutre
100 g de tofu fumé, en dés
une cuillerée à soupe de graines de sésame

Retirez la queue et les fils (éventuellement) des pois gourmands. Coupez les oignons en rondelles.

Faites chauffer la moitié de l'huile dans une grande sauteuse et ajoutez les pois gourmands et les oignons. Salez, mélangez et couvrez. Laissez cuire en surveillant, car les pois gourmands attachent facilement.

Dans une petite poêle, faites revenir les dés de tofu dans le reste de l'huile. Quand ils sont dorés, saupoudrez des graines de soja et mélangez bien. Les graines vont adhérer au tofu, en bonne partie.

Vous garnirez votre plat de ces dés croustillants et des graines de sésame éparses.

Pour compléter le repas, servez avec une céréale : quinoa ou boulgour, par exemple.

# Sauté de légumes printaniers au Noilly Prat

**raffiné • délicieux • parfumé • croquant**

Elégant et délicat, ce plat est vite fait si vous n'êtes qu'à deux. Evidemment, avec davantage de convives, l'épluchage prendra plus de temps… Faites-vous aider !

Pour 2 personnes

100 de petits pois
100 g de fèves
2 petites carottes
2 ou 4 (selon taille) petits navets roses
50 g de pois gourmands
100 g d'asperges vertes
15 g de beurre et une cuillerée à soupe d'huile d'olive douce
2 cuillerées à soupe de Noilly Prat (vermouth sec)
2 cuillerées à soupe de mascarpone
1 petit bouquet de cerfeuil

Commencez par préparer les légumes. Écossez les fèves et les petits pois. Faites blanchir les fèves à l'eau bouillante 1 minute et passez-les sous l'eau froide, puis expulsez la fève vert vif de son enveloppe.

Pelez les carottes et coupez-les en rondelles assez fines. Coupez les navets en deux ou quatre, avec leur trognon vert. Retirez les extrémités des pois gourmands et coupez-les en deux s'ils sont gros.

Pelez le dernier tiers des asperges. Coupez-les en rondelles, sauf les pointes, que vous couperez en deux, en longueur. Voilà ! Le plus long est fait.

Faites revenir doucement les légumes dans le mélange beurre et huile. Salez et couvrez. Quand les légumes sont presque tendres, arrosez de Noilly Prat et laissez évaporer à découvert, puis faites fondre le mascarpone. Goûtez pour rectifier le sel. Poivrez et répartissez sur le dessus le cerfeuil ciselé.

Servez sur un mélange au riz sauvage ou des tagliatelles.

## «POUR RECEVOIR»

Tassez le mélange au riz sauvage dans un cercle à pâtisserie pour lui donner une jolie forme. Entourez-le du sauté de légumes.

Si vous préférez les tagliatelles, dressez-les en couronne sur un plat chaud et disposez le sauté au milieu.

Dans les deux cas, n'oubliez pas la garniture d'herbes. On peut aussi servir ce délicieux sauté dans des croûtes à vol-au-vent.

# Céréales et pâtes

## Papillons aux herbes fraîches

**facile • rapide • sain • parfumé**

Utilisez les herbes que vous avez sous la main, au moins 4 ou 5 variétés différentes, en réduisant les quantités de celles qui sont fortes en goût pour éviter qu'une herbe en particulier ne domine le plat.

Pour 5 personnes

500 g de papillons
(ou d'autres pâtes « à relief » pour retenir les herbes)
un mélange d'herbes fraîches hachées :
une poignée de persil, de ciboulette et de cerfeuil,
un peu moins de marjolaine, d'estragon, de menthe
et de sauge, encore moins de sarriette, de thym
et de romarin frais
2 gousses d'ail pressées
1 cuillerée à café de piment d'Espelette
15 cl d'huile d'olive douce

pour servir : un bloc de parmesan (facultatif)

Faites cuire les pâtes *al dente* dans un grand faitout. Pendant ce temps, faites chauffer doucement l'huile dans une casserole, avec les herbes, l'ail et le piment. Mélangez souvent et arrêtez le feu dès que les herbes embaument et deviennent vert vif.

Quand les pâtes sont cuites, égouttez-les rapidement en réservant une tasse de l'eau de cuisson.

Mettez les pâtes dans un plat creux chauffé, versez les herbes à l'huile dessus, mélangez en ajoutant un peu d'eau de cuisson si le plat paraît sec. Salez et poivrez. Servez de suite, avec du parmesan à râper pour les amateurs.

## Pâtes aux fèves fraîches et à la brousse

**plat complet • délicat • joli • parfumé**

Les fèves fraîches, c'est délicieux mais long à écosser... Heureusement qu'il en faut peu dans cette recette fraîche et facile.

Pour 2 personnes

300 g de fèves fraîches
125 g de brousse de brebis
2 cuillerées à soupe de *pecorino* à râper (ou de parmesan)
1 cuillerée à soupe d'huile d'olive
Le zeste râpé d'un demi-citron bio
200 g de pâtes en forme de tubes, de papillons ou de torsades
aneth frais, ou persil plat, ou ciboulette

Écossez les fèves et faites-les blanchir à l'eau bouillante une minute. Rincez-les sous l'eau froide et ôtez-en la peau en la fendant avec l'ongle et en appuyant pour expulser la fève vert vif. Le plus dur est fait !

Mettez un faitout d'eau sur le feu pour les pâtes, que vous cuirez *al dente*.

Dans le fond du plat creux de service, préchauffé, battez la brousse dans un bol en pyrex avec le fromage râpé, l'huile d'olive, le zeste de citron, plusieurs tours de moulin à poivre et du sel. Mettez le bol dans le four tiède ou chauffez-le légèrement au bain-marie, en attendant que les pâtes soient prêtes.

Avant d'égoutter les pâtes, prélevez une louche de leur liquide de cuisson. Utilisez-en la moitié pour allonger le mélange à la brousse. Versez les pâtes dessus, mélangez, ajoutez encore du liquide de cuisson si le plat parait sec.

Incorporez délicatement les fèves, saupoudrez de fines herbes ciselées et servez de suite.

## Tagliatelles à la roquette et aux cébettes

**plat complet • sain • robuste • facile**

Dans cette recette aux saveurs franches, pas compliquée pour deux sous, la roquette partage la vedette avec de jeunes pousses à la base à peine renflée, de la famille de l'oignon et de l'ail, que vous trouverez en botte sur les marchés au printemps sous le nom de « cébettes », « cives » ou « ciboule ». À défaut, prenez de la ciboulette et ajoutez-la en même temps que la roquette, sans cuisson.

Pour 2 personnes

200 g de tagliatelles ou autres pâtes longues
1/2 bottillon de cébettes
2 cuillerées à soupe d'huile d'olive
1 poignée de pignons
1 bouquet de roquette à grosses feuilles

Faites cuire les tagliatelles *al dente*.

Pendant ce temps, lavez et émincez les cébettes et faites-les revenir doucement à l'huile d'olive dans une sauteuse. Faites dorer les pignons à sec dans une petite poêle. Ôtez les queues de la roquette, lavez-la et épongez-la. Coupez-la en lanières.

Quand les pâtes sont cuites, égouttez-les rapidement puis versez-les dans la sauteuse, sur les cébettes revenues. Coupez le feu. Ajoutez la roquette, mélangez bien et servez de suite, parsemé des pignons, avec du parmesan à râper.

# Fettucine aux petits pois et au safran

**plat complet • raffiné • facile • parfumé**

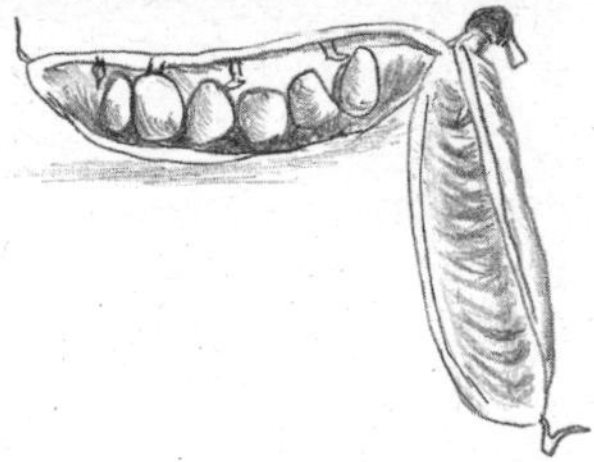

Pour 2 personnes

1 pincée de safran en filaments
400 g de petits pois
200 g de *fettucine*
30 g de beurre
3 oignons blancs de printemps
2 tiges de menthe douce
2 cuillerées à soupe de crème épaisse ou de mascarpone

Mettez le safran à tremper dans une petite tasse d'eau chaude. Faites chauffer un faitout d'eau sur le feu et faites-y cuire les pâtes. Écossez les petits pois.

Dans une sauteuse, laissez fondre au beurre, à feu doux, les oignons blancs tranchés en rondelles. Salez. Quand les oignons sont tendres, ajoutez un petit verre d'eau et les petits pois. Faites cuire à petit feu et quand les légumes sont cuits ajoutez la menthe fraîche ciselée. Gardez au chaud, à couvert.

Battez la crème avec le safran et son liquide de trempage.

Égouttez les pâtes en conservant une tasse de l'eau de cuisson. Mettez les pâtes dans la sauteuse avec les légumes, versez la sauce au safran par-dessus et mélangez. Si le plat paraît sec, ajoutez un peu d'eau de cuisson des pâtes, bien chaude. Servez avec un bloc de parmesan à râper.

# Galette de spaghettis complets au chou pointu

**plat complet • facile • économique • réconfortant**

Je ne raffole pas des pâtes complètes que je trouve un peu lourdes mais avec le chou, dans cette recette, elles sont parfaites. Le carvi a un parfum délicat et il favorise la digestion du chou, comme le fenouil et le cumin, qui peuvent d'ailleurs le remplacer.

Pour 2 à 3 personnes

200 g de spaghettis complets
2 cuillerées à soupe d'huile d'olive
1 oignon
1 gousse d'ail
1 cuillerée à café de graines de carvi
300 g de chou pointu
4 œufs
60 g de parmesan
30 g de beurre (ou une huile neutre)

Faites cuire les spaghettis dans beaucoup d'eau salée. Égouttez-les quand ils sont *al dente* et enduisez-les d'une cuillerée à soupe d'huile d'olive.

Pendant la cuisson des pâtes, hachez l'oignon et l'ail. Faites-les suer, légèrement salés, dans le reste de l'huile d'olive avec le carvi. Coupez le chou en lanières et ajoutez-le dès que l'oignon est transparent. Faites-le sauter quelques minutes en remuant souvent. Retirez du feu dès qu'il est presque tendre.

Battez les œufs dans une jatte et ajoutez-y le parmesan râpé, le mélange au chou et les spaghettis. Salez et poivrez puis mélangez bien.

Faites chauffer le beurre ou l'huile dans une poêle. Versez la préparation et faites cuire 5 minutes à feu moyen. Quand le fond est doré, faites glisser la galette sur une assiette pour la retourner à l'aide d'une autre assiette. Laissez-la glisser à nouveau dans la poêle chaude.

Comptez encore 5 minutes : c'est prêt quand les deux côtés sont dorés.

Servez en accompagnement une salade verte avec des rondelles fines de carottes.

# Paella printanière

**plat complet • frais • délicat • élégant**

Cette recette met en valeur les saveurs délicates des légumes primeurs. Mais si vous préférez les paellas plus relevées, aux couleurs plus tranchées, ajoutez des lanières de tomates confites et quelques olives à mi-cuisson.

Pour 4 personnes

1 bouquet d'artichauts poivrade
1 citron
150 g d'asperges vertes
150 g de jeunes carottes
1 bouquet d'oignons blancs
1 gousse d'ail
2 cuillerées à soupe d'huile d'olive
1 sachet d'épices à paella
300 g de riz à paella
1 verre de « Noilly Prat » ou de vin blanc sec
200 g de petits pois
200 g de fèves
un peu de persil
1 poignée de pignons

Parez les artichauts poivrade (voir page 58) et mettez-les à tremper dans l'eau citronnée. Pelez le dernier tiers des asperges et coupez les asperges en rondelles, sauf la pointe. Pelez les carottes et coupez-les en rondelles. Émincez les oignons blancs et hachez la gousse d'ail.Faites chauffer l'huile dans une paellera ou une sauteuse. Faites-y revenir sans hâte les oignons et l'ail avec les carottes et les artichauts égouttés, épongés et coupés en 8. Salez dès le début de la cuisson. Au bout de 10 minutes, saupoudrez des épices sans cesser de remuer et une minute après ajoutez le riz. Mélangez bien. Versez le verre de vin. Dès qu'il est évaporé, ajoutez les rondelles d'asperges (pas les pointes) et 70 cl d'eau, c'est-à-dire le double du volume du riz. Couvrez et laissez cuire à petit feu.

Écossez les fèves et les petits pois. Faites blanchir les fèves une minute dans l'eau bouillante puis passez-les sous l'eau froide et ôtez-en la peau, en la fendant avec l'ongle et en appuyant pour expulser la fève vert vif.

Au bout de dix minutes de cuisson du riz, ajoutez les petits pois, les fèves et les pointes d'asperges dans la paella ainsi que du persil ciselé. Mélangez très délicatement, juste pour répartir les légumes. Goûtez pour rectifier l'assaisonnement. Si le mélange est déjà sec, versez un verre d'eau. Laissez terminer la cuisson à découvert et à tout petit feu pendant 5 minutes puis couvrez et laissez gonfler 5 minutes à feu éteint, ce qui évitera à votre paella d'attacher en fin de cuisson.

Faites griller les pignons à sec et répartissez-les sur le riz juste avant de passer à table.

Si vous n'avez pas sous la main d'épices à paella, remplacez-les par un bon mélange maison :

1 feuille de laurier
1 pincée de thym
1/2 cuillerée à café de piment doux
poivre
1 bonne pincée de filaments de safran,
mis à tremper dans l'eau chaude

Mettez le laurier et le thym en même temps que les oignons, les épices en poudre juste avant le riz et le safran et son liquide de trempage avec l'eau.

## Spanakorizo

**plat complet • facile • dépaysant • haut en goût**

Ce nom chantant signifie tout simplement « riz aux épinards » en grec. On sert ce plat sans prétention dans toute la Grèce à l'époque du carême. L'aneth frais, qui pousse en abondance dès la fin de l'hiver, le parfume délicieusement. On peut se passer de la feta, comme en Grèce les jours où les restrictions du jeûne sont particulièrement sévères. Quelques amandes dorées peuvent très bien la remplacer. Ne prenez pas un riz trop délicat qui se transformerait en purée, mais plutôt un riz demi-complet thaï ou de Camargue, ou encore du riz à risotto ou à paella.

Pour 4 personnes

800 g d'épinards
huile d'olive
2 gros oignons rouges
2 gousses d'ail
200 g de riz
1 beau bouquet d'aneth frais
une bonne pincée de muscade
le jus d'un citron
100 à 200 g de feta ou quelques amandes

Lavez bien les épinards. Enlevez les queues et coupez les feuilles en lanières si elles sont grosses.

Faites fondre sans colorer, dans une large sauteuse, les oignons et l'ail hachés dans 3 cuillerées à soupe d'huile. Quand ils sont tendres, ajoutez le riz et mélangez bien sur le feu une minute ou deux. Ajoutez les épinards dans la sauteuse, poignée par poignée, en remuant, jusqu'à ce qu'ils soient tous incorporés au riz. Salez, ajoutez l'aneth ciselé et la muscade. Versez un verre d'eau et couvrez. Laissez sur feu doux.

Au bout de 15 à 20 minutes, le riz doit être cuit et tout le liquide absorbé. Poivrez, ajoutez du sel si nécessaire, puis le jus de citron et une bonne giclée d'huile d'olive bien parfumée. Si vous préférez limiter votre consommation d'huile, ayez la main légère, mais en Grèce, on y va de bon cœur...

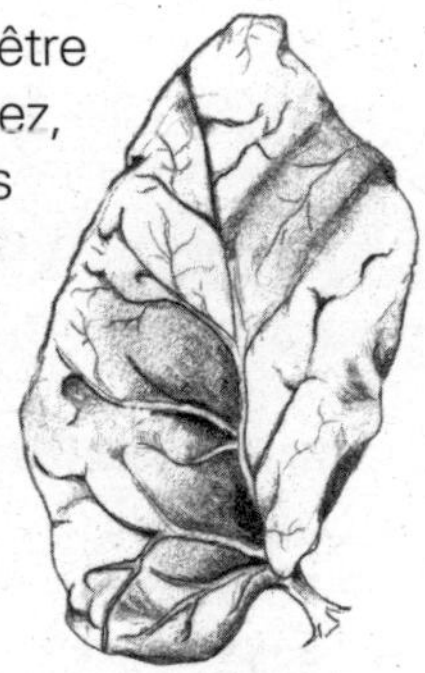

Faites tomber quelques copeaux de feta sur le *spanakorizo* et servez de suite ou à température ambiante.

Si vous garnissez votre plat d'amandes au lieu du fromage, faites-les dorer à la poêle à sec auparavant.

# Risotto aux asperges

**plat complet • crémeux • réconfortant • élégant**

Le risotto met délicieusement en valeur les petites quantités de légumes primeurs encore chers. Il faut démythifier ce plat qui a la réputation d'être long et compliqué à préparer. Bien sûr, le riz doit s'imbiber graduellement de bouillon chaud et être remué régulièrement, mais cela ne veut pas dire que le cuisinier ne peut pas lâcher sa cuillère ! Au contraire, vous avez tout le temps de préparer tranquillement une petite salade et un dessert tout en gardant un œil sur votre riz. Si vous trouvez du riz *« vialone nano »*, dont les petits grains dodus cuisent en moins de 20 minutes, vous gagnerez un peu de temps. Mais même avec un autre riz à risotto (*arborio*, ou mieux, *carnaroli*), ce plat reste tout à fait faisable, et oh combien réconfortant, un soir de semaine en rentrant du travail.

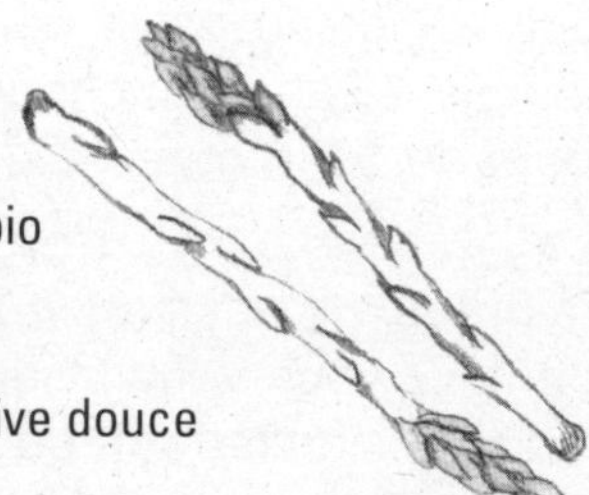

Pour 4 personnes

300 g à 500 g d'asperges vertes
1 cube de bouillon de légumes bio
3 échalotes
un petit bouquet de persil plat
2 cuillerées à soupe d'huile d'olive douce
350 g de riz à risotto
1 verre de vin blanc sec
25 g de beurre
40 g de parmesan fraîchement râpé

Lavez les asperges. Épluchez-en le dernier tiers et ôtez le bout trop dur, que vous utiliserez dans le bouillon. Coupez les asperges en tronçons de 2 cm environ. Réservez les pointes à part.

Mettez une casserole sur le feu avec un litre d'eau et un cube de bouillon plus une toute petite poignée de gros sel. Jetez-y les épluchures des asperges, deux échalotes pelées, entières, et quelques queues de persil. Ce « bouillon » doit frissonner dans un coin pendant toute la cuisson du risotto.

Hachez la dernière échalote, et faites-la revenir à l'huile dans une bonne casserole à fond épais. Quand elle est transparente, ajoutez les tronçons d'asperges et remuez quelques minutes avant de verser le riz. Remuez délicatement. Dès que le riz est nacré, versez le vin blanc et laissez évaporer avant d'ajouter la première louche de bouillon frissonnant. Tournez bien dans les coins, pour que le risotto n'attache pas. Dès que le liquide est à peu près absorbé, remettez une louche de bouillon chaud, remuez et ainsi de suite. Au bout de 10 minutes, ajoutez les pointes d'asperges.

Le riz sera ferme mais tendre en une vingtaine de minutes : il est prêt quand il ne craque plus sous la dent. Si vous vous trouvez en panne de bouillon, ajoutez tout simplement de l'eau chaude vers la fin.

Pour finir, incorporez le morceau de beurre et le parmesan en battant vigoureusement et servez de suite. Le risotto n'attend pas ! Vous pouvez garnir de persil plat ciselé.

## «POUR RECEVOIR»

Faites cuire
les pointes des asperges à la vapeur.
Servez le risotto dans des bols individuels.
Disposez dessus les pointes d'asperges
en « rayons de bicyclette »
et parsemez de copeaux de parmesan.

*Nombreuses variantes !*

Essayez 300 g de petits pois écossés, un mélange petits pois et asperges, un bouquet d'artichauts poivrade, de la laitue et du fenouil, 300 g d'épinards crus ou de cresson hachés ou encore un mélange de fines herbes (cerfeuil, bourrache, persil, ciboulette...). Les légumes fermes cuisent avec le riz dès le début, les légumes tendres s'ajoutent en milieu de cuisson, comme les pointes d'asperges dans la recette qui précède, ou même tout à la fin pour les herbes. Si vous avez du bouillon maison, tant mieux, sinon, comme ici, trichez avec un peu de bouillon cube et des épluchures, des herbes et des oignons pour compléter.

# Desserts

Commençons par quelques idées pour les fraises, le seul vrai fruit de la saison avec la rhubarbe de la moitié nord de la France et le kiwi du sud-ouest.

## Salade de fruits aux premières fraises

Vous n'avez pas su résister aux premières fraises, chères, un peu dures, pas très parfumées ? Cette salade de fruits saura en tirer le meilleur parti.

Équeutez les fraises, coupez-les en deux, en quatre ou en « tartar » (petits dés). Sucrez, mélangez et laissez reposer un peu. Coupez en dés de l'ananas frais. Avant de servir, débitez deux bananes en rondelles. Citronnez-les. Arrosez de kirsch si vous aimez et mélangez. Des kiwis peuvent remplacer l'ananas ou le rejoindre.

## Salade de fraises à l'orange sanguine

Pelez à vif des oranges sanguines. Coupez-les en rondelles et disposez-les sur un plat. Couvrez-les de fraises équeutées. Sucrez légèrement et arrosez de jus d'orange et d'un peu d'eau de fleur d'oranger si vous aimez. Laissez reposer au frais.

## Soupe de fraises au kiwi

Pour 4 personnes

Mixez 1 kilo de fraises avec 2 cuillerées à soupe de jus de citron et 1 cuillerée à soupe de sucre glace. Mettez au frais. Répartissez dans des assiettes à soupe, garnissez de morceaux de kiwi.

On peut supprimer les kiwis et décorer avec des feuilles de menthe.

Si vous n'avez pas de mixer ou si vous préférez une texture moins liquide, coupez les fraises en petits dés, au couteau, pour un "Tartare de fraises au kiwi".

## Gobelet pomme-fraise-kiwi

Servez ce très joli dessert dans des verres hauts ou des coupes à dessert transparentes, pour qu'on voie bien les différentes couches colorées.

Pour 2 personnes

1 pomme pelée et coupée en 8
1 petite noix de beurre
1 cuillerée à soupe de sucre brun
100 g de brousse ou de ricotta
2 cuillerées à soupe de sucre glace
2 kiwis
jus de citron
250 g de fraises coupées en morceaux

Faites revenir les morceaux de pomme au beurre et sucrez-les quand ils sont tendres, pour qu'ils dorent bien. Laissez refroidir.

Battez la brousse avec la moitié du sucre glace. Mixez les kiwis pelés (ou coupez-les en tout petits dés) avec l'autre moitié du sucre et un peu de jus de citron.

Posez les morceaux de pomme au fond des récipients en verre. Posez dessus la moitié des fraises. Recouvrez de brousse sucrée, puis de purée (ou de tartare) de kiwi et répartissez le reste des fraises sur le dessus.

*Variantes :*
Ceux qui ne mangent pas les produits laitiers remplaceront la brousse par du tofu soyeux, qui est aussi moins gras.

Au lieu de la pomme au beurre, on peut préférer de la compote. Un ou deux biscuits secs (macarons, *amaretti*, sablés au gingembre, au citron...) écrasés peuvent trouver leur place entre deux couches.

## Crumble à la rhubarbe

Et voilà la rhubarbe, deuxième vedette du printemps !

Pour 4 à 6 personnes

1 kilo de rhubarbe
50 g de sucre fin
150 g de farine demi-complète, ou bise
75 g de flocons d'avoine fins
1 cuillerée à café de cardamome en poudre (facultatif)
2 cuillerées à café de poudre levante
180 g de beurre ou de margarine végétale
180 g de sucre complet bio
1 cuillerée à café de cannelle (facultatif)

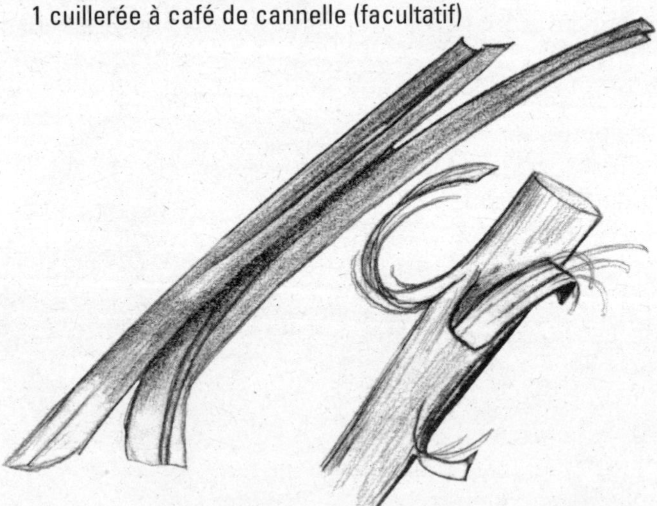

Nettoyez la rhubarbe en ôtant juste les longs lambeaux de peau rouge qui viennent facilement. Coupez-la en tronçons de 3 cm. Mettez-les dans un plat à four pas trop profond, saupoudrés du sucre fin. Si la rhubarbe a le temps de dégorger un peu pendant que vous préparerez le reste, versez le liquide qu'elle aura secrété avant de la recouvrir. Saupoudrez-la de cardamome.

Mettez la farine et la poudre levante dans le bol du robot ménager. Ajoutez les flocons d'avoine et faites tourner pour mélanger. Mettez le beurre froid en parcelles et actionnez le mixer pour obtenir un mélange de la consistance d'un sable grossier. Ajoutez le sucre complet et la cannelle et mélangez encore rapidement avec une cuillerée à soupe d'eau froide. Répartissez les grosses miettes obtenues sur la rhubarbe en la couvrant bien complètement pour l'empêcher de passer par dessus en cuisant. Glissez au four chaud (200°) pour 25 à 30 minutes. Le dessus doit être croustillant et bien doré. Servez tiède ou froid, nature ou avec de la glace ou de la crème à la vanille.

*Variantes :*

Les flocons d'avoine allègent le *crumble*, mais ceux qui n'en ont pas les remplaceront par davantage de farine.

Ajoutez 50 g à 100 g d'amandes grossièrement hachées au reste dans le bol du mixer, vers la fin.

Ajoutez des fraises à la rhubarbe.On peut se passer des épices ou les remplacer par un zeste d'orange ajouté à la rhubarbe.

# Index par ingrédients

## Artichaut

- Paella printanière 76
- Artichauts aux fèves 58
- Tajine d'artichauts aux pois chiches, aux carottes et aux olives 60
- Risotto aux asperges (variante) 81

## Asperge

- Méli-mélo d'asperges en sauce verte 8
- Asperges aux noisettes et à l'huile « grillée » 10
- Légumes primeurs en sauce à l'avocat 12
- Velouté d'asperges vertes aux amandes 46
- Sauté de légumes printanier au Noilly Prat 66
- Paella printanière 76
- Risotto aux asperges 81

## Carotte

- Légumes primeurs en sauce à l'avocat 12
- Tzatziki de carottes 14
- Salade italienne de printemps 20
- Salade de haricots blancs à la dijonnaise 24
- Salade de lentilles à la grecque 27
- Salade de primeurs « Capri » 28
- Consommé de légumes aux ravioles du Royans 31

• Potage aux carottes et au citron ..... 35
• Potage épinards-carottes à l'aneth ..... 43
• Tajine d'artichauts aux pois chiches, aux carottes et aux olives ..... 60
• Carottes nouvelles à la marocaine ..... 62
• Paella printanière ..... 76

**Chou pointu**
• Soupe aux herbes ..... 36
• Soupe espagnole aux blettes et aux pois chiches (variante) ..... 38
• Galette de spaghettis complets au chou pointu ..... 74

**Chou-fleur**
Salade de chou-fleur cru printanière ..... 22
Légumes primeurs en sauce à l'avocat (variante), ..... 12

**Chou-rave**
• Salade de primeurs « Capri » ..... 28

**Concombre,**
• Tzatziki de carottes (variante) ..... 14
• Radis ostergruss et oignons violets en carpaccio (variante) ..... 16
• Salade de chou-fleur cru printanière ..... 22

**Cresson**
• Salade italienne de printemps ..... 20
• Potage au cresson ..... 33
• Soupe aux herbes ..... 36
• Croquettes de pois chiches sur lit de pousses d'épinards (variante) ..... 52
• Risotto aux asperges (variante) ..... 81

Épinard

- Salade de pousses d'épinards aux champignons et au tofu fumé ..... 18
- Potage épinards-carottes à l'aneth ..... 43
- Sauté d'épinards aux pois-chiches et au tahiné ..... 49
- Crêpes aux épinards et au roquefort ..... 50
- Croquettes de pois chiches sur lit de pousses d'épinards ..... 52
- Épinards à la catalane ..... 54
- Cassolettes d'épinards aux œufs à la grecque ..... 56
- Spanakorizo, 79
- Risotto aux asperges (variante) ..... 81

Fève

- Légumes primeurs en sauce à l'avocat ..... 12
- Artichauts aux fèves ..... 58
- Sauté de légumes printanier au Noilly Prat ..... 66
- Pâtes aux fèves fraîches et à la brousse ..... 70
- Paella printanière ..... 76

Fraise

- Salade de fruits aux premières fraises ..... 85
- Soupe de fraises aux kiwis ..... 86
- Salade de fraises à l'orange sanguine ..... 85
- Gobelet pomme-fraise-kiwi ..... 86
- Crumble à la rhubarbe (variante) ..... 88

Lentilles
- Salade de lentilles à la grecque ..... 27

Navet
- Légumes primeurs en sauce à l'avocat ..... 12
- Salade de primeurs « Capri » ..... 28
- Consommé de légumes aux ravioles du Royans ..... 31
- Sauté de légumes printanier au Noilly Prat ..... 66

Oignon nouveau
- Radis ostergruss et oignons violets en carpaccio ..... 16
- Salade de chou-fleur cru printanière ..... 22
- Salade de haricots blancs à la dijonnaise ..... 24
- Potage au cresson ..... 33
- Velouté de petits pois à la menthe ..... 40
- Potage au miso aux champignons et à l'oignon nouveau ..... 45
- Cassolettes d'épinards aux œufs à la grecque ..... 56
- Artichauts aux fèves ..... 58
- Tajine d'artichauts aux pois chiches, aux carottes et aux olives ..... 60
- Petits pois à la française ..... 63
- Poêlée de pois gourmands aux oignons nouveaux ..... 64
- Fettucine aux petits pois et au safran ..... 73
- Paella printanière ..... 76

Petits pois
- Velouté de petits pois à la menthe ..... 40
- Petits pois à la française ..... 63
- Paella printanière ..... 76
- Risotto aux asperges (variante) ..... 81

Pois chiche
- Salade de chou-fleur cru printanière (variante) 22
- Soupe espagnole aux blettes et aux pois chiches 38
- Sauté d'épinards aux pois chiches et au tahiné 49
- Croquettes de pois chiches sur lit de pousses d'épinards 52
- Tajine d'artichauts aux pois chiches, aux carottes et aux olives 60

Pois gourmand
- Légumes primeurs en sauce à l'avocat 12
- Poêlée de pois gourmands aux oignons nouveaux 64

Pourpier
- Salade de pourpier 26
- Salade italienne de printemps 20
- Salade de chou-fleur cru printanière 22
- Soupe aux herbes 36
- Croquettes de pois chiches sur lit de pousses d'épinards (variante) 52

Radis
- Légumes primeurs en sauce à l'avocat 12
- Radis ostergruss et oignons violets en carpaccio 16
- Salade italienne de printemps 20
- Salade de lentilles à la grecque 27
- Salade de primeurs « Capri » 28
- Potage au miso aux champignons et à l'oignon nouveau (variante) 45

Rhubarbe
- Crumble à la rhubarbe 88

## Agar-agar
Secret minceur des japonaises
*Clea*
*Photographies de Myriam Gauthier-Moreau*

D'un apport calorique proche de zéro, l'agar-agar remporte un franc succès au Japon pour ses vertus rassasiantes et légèrement laxatives. Cette petite poudre blanche gonfle au contact de l'eau et permet la réalisation de flans, terrines, gâteaux... Un véritable ingrédient minceur qui permet d'alléger les recettes, en réduisant les quantité de farine, d'œufs et même de sucre. Clea a testé pour nous l'agar-agar dans 40 recettes sucrées ou salées : Terrine d'aubergines, Crème caramel, Tartelettes aux citrons...

72 pages - 9,90 € - Photographies en couleurs - ISBN 978-2-84221-163-9

## Céréales et légumineuses
*Valérie Cupillard*

En flocons ou en semoules, concassées, germées, précuites... aujourd'hui, céréales et légumineuses (les fameux « légumes secs ») sont devenus vraiment rapides à préparer.
La gastronomie bio les plébiscite, les nutritionnistes nous encouragent à leur redonner une vraie place pour un meilleur équilibre des apports protéiniques.Ce livre contient 100 recettes pleines d'idées pour en cuisiner tous les jours et sous toutes les formes.

128 pages - 12 € - ISBN 978- 2-84221-092-2

## Tofu et soja
*Hu Shao Bei*
*Photographies de Philippe Barret et Myriam Gauthier-Moreau*

Une centaine de recettes occidentales et asiatiques pour apprivoiser le soja sous toutes ses formes. Vous trouverez dans ce livre des classiques revisités (tomates farcies, sauce « bolognaise », «steack» de soja,...), des recettes asiatiques (soupes au tofu, tofu aigre-doux...), des recettes de base (fabriquer son propre tofu, ses yaourts ou son lait de soja...) et des recettes utilisant les dérivés du soja (tempeh, miso, graines de soja jaune...).

128 pages - 19,50 € - ISBN 978-2-84221-152-3

## Graines germées

*Valérie Cupillard*
*Photographies Philippe Barret et Myriam Gauthier-Moreau*

Et si votre cuisine devenait un jardin ? Découvrez le plaisir de transformer le blé, les lentilles, la moutarde ou l'alfalfa en graines germées ou en jeunes pousses. La première partie de ce livre donne toutes les clés pour la réussite de la germination à la maison : du choix d'un germoir aux temps de trempage. On y apprend à faire germer toute une variété de graines aux saveurs différentes : les graines de tournesol, d'alfalfa, de lentilles, le fenugrec, le quinoa...
Les photographies de Philippe Barret et Myriam Gauthier-Moreau illustrent les recettes, actuelles et légères, de Valérie Cupillard. Des recettes toniques qui privilégient le cru, les saveurs, le croquant et les jolies compositions. Des recettes pour acquérir de bons reflexes et faire aimer les graines germées à toute la famille.

128 pages - 18,00 € - Photographies en couleurs - ISBN 978-2-84221-110-3

## Desserts et pains sans gluten

*Valérie Cupillard*
*Photographies Philippe Barret et Myriam Gauthier-Moreau*

Se réconcilier avec la nourriture gourmande, même lorsque le gluten ne passe pas, tel est le pari de ce livre de recettes pas comme les autres.
On y apprend à cuisiner la farine de riz, les flocons de châtaignes, la poudre d'amande... ces délicieux ingrédients qui sont naturellement exempts de gluten. Pains et brioches dorés, gâteaux de fêtes ou biscuits du goûter, crêpes, petits déjeuners... toutes les occasions sont bonnes pour mettre la main à la pâte et régaler ses convives.
Comme dans son précédent livre « Sans gluten, naturellement » préfacé par le docteur Seignalet, Valérie Cupillard nous prouve qu'il existe une vraie gastronomie saine qui peut se passer du gluten.
Un régime sans gluten est bien souvent vécu comme une punition pour le malade et son entourage. Le gluten est partout, dans le pain, les gâteaux... dans de nombreux produits cuisinés... et les habitudes alimentaires doivent être complètement modifiées. Il s'agit de supprimer entre autres le blé, l'avoine, le seigle et l'orge.
Il n'est pas rare que ce régime soit couplé à une suppression des produits laitiers, c'est pourquoi les recettes de ce livres sont sans caséine.

144 pages - 25 € - ISBN 978-2-84221-133-2